স্টক মার্কেট: ভিতর থেকে দেখা এক গল্প (Vol.1)

BHOLANATH DAS

প্রকাশনার বছর: 2026

প্রকাশক: Fame Finders Media

প্রধান কার্যালয়: 8A/8, WEA, করোল বাগ, নয়া দিল্লি – 110005

ইমেল: info@famefinders.in

ওয়েবসাইট: www.famefinders.in

উৎসর্গ

এই বইটি উৎসর্গ করছি
আমার প্রিয় ঠাকুমা অন্নদা দাস-এর স্নেহময় স্মৃতির উদ্দেশে —
যাঁর আশীর্বাদ, মমতা ও নীরব ভালোবাসা
আমার জীবনের প্রতিটি সিদ্ধান্তে আজও আলো হয়ে থাকে।

"তুমি নেই, তবু প্রতিটি প্রেরণার উৎসে তুমি আছো।"

ভোলানাথ দাস

(In loving memory of my beloved grandmother Annoda Das, whose blessings continue to guide every step of my journey.)

INTRODUCTION (ভূমিকা / সূচনা)

স্টক মার্কেট অনেকের কাছেই একটি জটিল এবং ভয়ঙ্কর জায়গা বলে মনে হয়। দাম ওঠানামা, অনিশ্চয়তা এবং ঝুঁকি—এই সবকিছু মিলিয়ে এটি যেন শুধুমাত্র অভিজ্ঞদের জন্যই তৈরি। কিন্তু সত্যিটা ভিন্ন—বাজার নিজে কখনো জটিল নয়, বরং আমরা যেভাবে তাকে বোঝার চেষ্টা করি, সেটাই অনেক সময় জটিল হয়ে ওঠে।

এই বইটি সেই দৃষ্টিভঙ্গি বদলানোর জন্য লেখা। এখানে আমরা বাজারকে একটি নতুনভাবে দেখার চেষ্টা করব—যেখানে শুধু চার্ট বা প্যাটার্ন নয়, তার পেছনের গল্পটাও বোঝার চেষ্টা করা হবে। আমরা সাধারণত দামের ওঠানামা দেখি, কিন্তু তার পেছনে যে মানুষের চিন্তা, আবেগ এবং সিদ্ধান্ত কাজ করে, তা অনেক সময় উপেক্ষা করি।

ধীরে ধীরে আপনি বুঝতে পারবেন, স্টক মার্কেট শুধু সংখ্যা বা গ্রাফের বিষয় নয়; এটি একটি আচরণগত ব্যবস্থা (BEHAVIOURAL SYSTEM)। এখানে ভয়, লোভ, আশা এবং ধৈর্য—এই সব আবেগ একসাথে বাজারের গতিপথ নির্ধারণ করে। যখন আপনি এই আচরণ বুঝতে শুরু করবেন, তখন আপনার সিদ্ধান্ত নেওয়ার ক্ষমতা আরও শক্তিশালী হয়ে উঠবে।

এই বইয়ের উদ্দেশ্য আপনাকে কোনো নির্দিষ্ট নিয়ম বা কৌশলের মধ্যে সীমাবদ্ধ করা নয়। বরং এটি আপনাকে এমন একটি চিন্তাধারা গড়ে তুলতে সাহায্য করবে, যাতে আপনি নিজের পর্যবেক্ষণ ও অভিজ্ঞতার মাধ্যমে সঠিক সিদ্ধান্ত নিতে পারেন। এখানে শেখার মূল লক্ষ্য "কি হচ্ছে" তা বোঝা নয়, বরং "কেন হচ্ছে" তা উপলব্ধি করা।

যখন আপনি এই স্তরে বাজারকে বুঝতে পারবেন, তখন ট্রেডিং আর শুধু একটি টেকনিক্যাল প্রক্রিয়া থাকবে না—এটি হয়ে উঠবে একটি মানসিক ও আবেগগত শৃঙ্খলা। আর এই শৃঙ্খলাই আপনাকে দীর্ঘমেয়াদে সফল হতে সাহায্য করবে।

শেষ পর্যন্ত, এই বইয়ের লক্ষ্য আপনাকে শুধু একজন ভালো ট্রেডার বানানো নয়, বরং একজন সচেতন এবং দক্ষ সিদ্ধান্তগ্রহণকারী হিসেবে গড়ে তোলা।

BOOK DESCRIPTION (বইয়ের বিবরণ)

"স্টক মার্কেট: ভিতর থেকে দেখা এক গল্প"

এই বইটি কোনো সাধারণ ট্রেডিং গাইড নয়। এটি একটি যাত্রা—যেখানে বাজারকে শুধুমাত্র চার্ট বা সংখ্যার মাধ্যমে নয়, বরং মানুষের মনস্তত্ত্ব, আচরণ এবং সিদ্ধান্তের আলোকে বোঝার চেষ্টা করা হয়েছে।
এই বইয়ে আপনি পাবেন—

- Index ও market behaviour-এর গভীর বিশ্লেষণ
- Option trading ও real market thinking
- Pattern-এর বাস্তব প্রয়োগ
- VIX, global market ও economy-এর প্রভাব
- এবং সবচেয়ে গুরুত্বপূর্ণ—decision নেওয়ার সঠিক পদ্ধতি

এই বইয়ের মূল উদ্দেশ্য হলো আপনাকে এমনভাবে প্রস্তুত করা, যাতে আপনি শুধু ট্রেড না করেন, বরং বাজারকে বুঝে আত্মবিশ্বাসের সঙ্গে সিদ্ধান্ত নিতে পারেন।

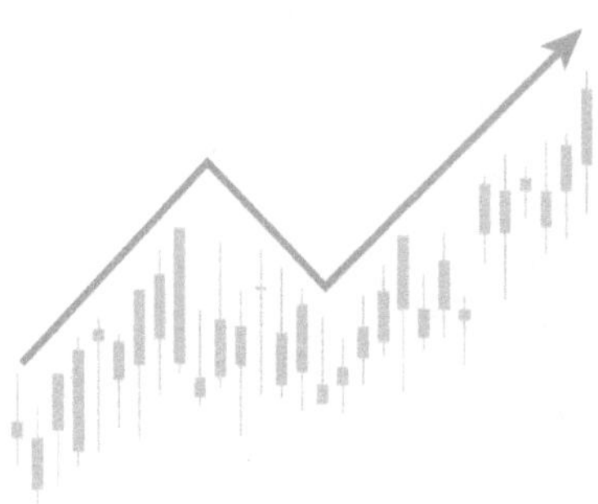

FOREWORD (ভূমিকা)

স্টক মার্কেট অনেকের কাছে শুধু লাভের জায়গা, আবার অনেকের কাছে ভয় ও অনিশ্চয়তার জায়গা। কিন্তু যারা এই বাজারকে গভীরভাবে বোঝেন, তাদের কাছে এটি একটি শেখার ক্ষেত্র—যেখানে প্রতিটি দিন নতুন কিছু শেখায়।

এই বইটির মাধ্যমে ভোলানাথ দাস একটি ভিন্ন দৃষ্টিভঙ্গি উপস্থাপন করেছেন—যেখানে ট্রেডিং শুধু কৌশল নয়, বরং চিন্তার একটি পদ্ধতি। এই বইটি পাঠকদের শুধুমাত্র তথ্য দেবে না, বরং তাদের ভাবতে শেখাবে।

আমি বিশ্বাস করি, এই বইটি নতুন এবং অভিজ্ঞ—উভয় ধরনের পাঠকের জন্যই সমানভাবে মূল্যবান হবে।

ACKNOWLEDGMENTS (কৃতজ্ঞতা স্বীকার)

এই বইটি একা আমার পক্ষে সম্ভব হতো না।

প্রথমেই আমি কৃতজ্ঞ আমার পরিবার ও প্রিয়জনদের কাছে, যাদের সমর্থন ও ধৈর্য আমাকে সবসময় এগিয়ে যেতে সাহায্য করেছে।

আমার ছাত্রছাত্রীদের ধন্যবাদ, কারণ তাদের প্রশ্ন, ভুল এবং শেখার আগ্রহই আমাকে প্রতিনিয়ত নতুনভাবে ভাবতে শিখিয়েছে।

আমি কৃতজ্ঞ সেই সব মানুষদের প্রতিও, যারা সরাসরি বা পরোক্ষভাবে আমার এই যাত্রায় পাশে থেকেছেন।

সবশেষে, আমি এই বইটি উৎসর্গ করছি আমার প্রিয় ঠাকুমা অন্নদা দাস-এর স্মৃতির উদ্দেশে—যাঁর আশীর্বাদ আজও আমার পথচলার আলো।

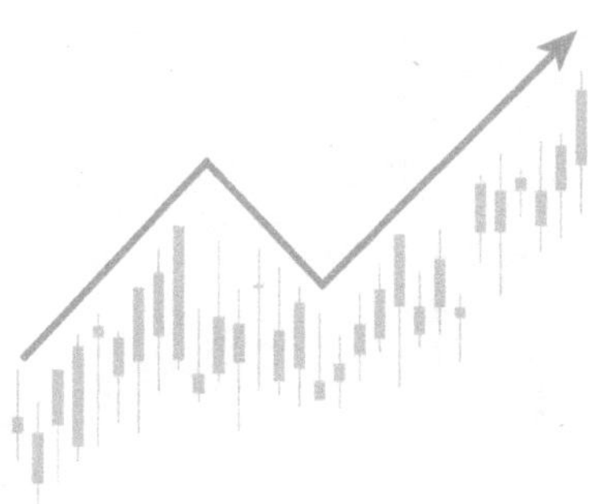

PROLOGUE (প্রস্তাবনা)

বাজারের সঙ্গে প্রথম পরিচয় অনেকের কাছেই বিভ্রান্তিকর।

কেউ লাভ করে, কেউ ক্ষতি করে—কিন্তু খুব কম মানুষ বোঝে কেন এই পার্থক্য।

এই বইটি সেই “কেন” খোঁজার চেষ্টা।

এখানে কোনো শর্টকাট নেই, কোনো গোপন সূত্র নেই।

আছে শুধু পর্যবেক্ষণ, অভিজ্ঞতা এবং চিন্তার একটি ভিন্ন পথ।

আপনি যদি এই বইটি মন দিয়ে পড়েন, তাহলে হয়তো বাজারকে নতুনভাবে দেখতে শুরু করবেন।

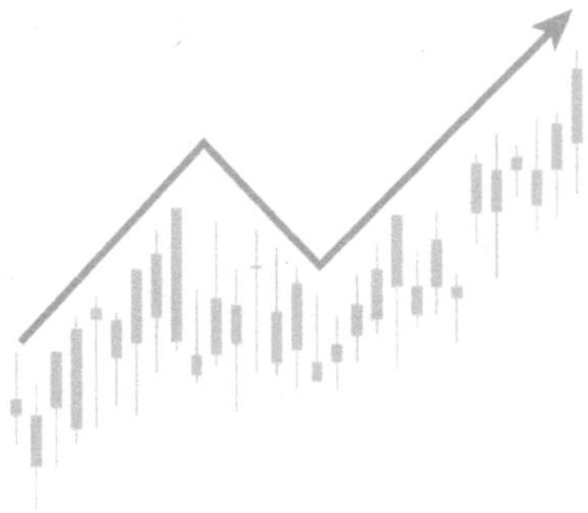

AUTHOR'S MESSAGE (লেখকের বার্তা)

এই বইটি শুধু স্টক মার্কেট শেখানোর জন্য নয়, বরং আপনাকে বাজারকে নতুনভাবে বুঝতে সাহায্য করার উদ্দেশ্যে লেখা। আমরা অনেক সময় চার্ট, প্যাটার্ন বা সিগন্যালের ওপর নির্ভর করি, কিন্তু বাজারের আসল শক্তি লুকিয়ে থাকে মানুষের আচরণ, ভয়, আশা এবং সিদ্ধান্তের মধ্যে।

আমার অভিজ্ঞতায় দেখেছি, সফল ট্রেডাররা সবসময় বেশি তথ্য জানেন না—তারা সঠিকভাবে চিন্তা করতে জানেন। এই বইয়ের প্রতিটি অধ্যায় আপনাকে সেই দৃষ্টিভঙ্গি তৈরি করতে সাহায্য করবে, যেখানে আপনি শুধু "কি হচ্ছে" তা নয়, "কেন হচ্ছে" সেটাও বুঝতে পারবেন।

আমি চাই না আপনি এই বই পড়ে কোনো নির্দিষ্ট নিয়ম অন্ধভাবে অনুসরণ করুন। বরং আপনি নিজের পর্যবেক্ষণ, অভিজ্ঞতা ও বিচারবুদ্ধির মাধ্যমে ধীরে ধীরে নিজের সিদ্ধান্ত নেওয়ার ক্ষমতা গড়ে তুলুন।

বাজারে লাভ করা গুরুত্বপূর্ণ, কিন্তু তার থেকেও গুরুত্বপূর্ণ হলো ধৈর্য, নিয়ন্ত্রণ এবং ধারাবাহিকতা। মনে রাখবেন, বাজার কখনো তাড়াহুড়ো করে না—কিন্তু যারা তাড়াহুড়ো করে, তারা বেশিদিন টিকে থাকতে পারেন না।

এই বই যদি আপনার চিন্তাধারায় সামান্য পরিবর্তন আনতে পারে, তাহলেই আমার প্রচেষ্টা সফল।

— ভোলানাথ দাস

লেখক পরিচিতি

ভোলানাথ দাস 'জাতীয় লাল বাহাদুর শাস্ত্রী পুরস্কার'-প্রাপ্ত একজন শিক্ষাবিদ, গবেষক ও সমাজসেবক। শিক্ষা ও সামাজিক ক্ষেত্রে তাঁর উল্লেখযোগ্য অবদানের জন্য তিনি দেশজুড়ে একাধিক সম্মানে ভূষিত হয়েছেন।

তিনি বর্তমানে দক্ষিণ ২৪ পরগনার সুন্দরবন অঞ্চলের গঙ্গাসাগরে অবস্থিত ফুলবাড়ী শীতলা হাইস্কুল (উঃমাঃ)-এর প্রতিষ্ঠানের প্রধান হিসেবে দায়িত্ব পালন করছেন।

সুন্দরবনের প্রত্যন্ত দ্বীপ অঞ্চলে জন্ম ও বেড়ে ওঠার ফলে তিনি গ্রামীণ জীবনের বাস্তবতা খুব কাছ থেকে উপলব্ধি করেছেন। সেই অভিজ্ঞতাই তাঁর চিন্তা, মূল্যবোধ এবং সমাজের প্রতি দায়বদ্ধতাকে গভীরভাবে প্রভাবিত করেছে।

পেশাগতভাবে তিনি একজন শিক্ষক, এবং একই সঙ্গে NISM Certified Research Analyst ও Equity Derivative Analyst (under SEBI)। ভারতের আর্থিক বাজারে দীর্ঘ অভিজ্ঞতার আলোকে তিনি বাজারের মনস্তত্ত্ব, আচরণগত অর্থনীতি এবং বাস্তব ট্রেডিং অভিজ্ঞতাকে একত্রে উপস্থাপন করেন—যার মাধ্যমে জটিল অর্থনৈতিক ধারণাগুলিও সাধারণ পাঠকের কাছে সহজ, বোধগম্য ও অনুপ্রেরণামূলক হয়ে ওঠে।

তিনি **“School of Day Traders”**-এর সঙ্গে Research Head ও Mentor হিসেবে যুক্ত থেকে শেয়ারবাজার শিক্ষার ক্ষেত্রে কাজ করে চলেছেন এবং সাধারণ মানুষের মধ্যে আর্থিক সচেতনতা বৃদ্ধিতে নিরন্তর উদ্যোগী। তার গবেষণাভিত্তিক টুল **“SODT Swing Master Premium”** ইতিমধ্যেই বহু ট্রেডার ও বিনিয়োগকারীর কাছে জনপ্রিয়তা অর্জন করেছে এবং তাকে এই ক্ষেত্রে স্বতন্ত্র পরিচিতি এনে দিয়েছে। তিনি একজন **TEDx Speaker** হিসেবেও সুপরিচিত।

একজন শিক্ষক হিসেবে শৃঙ্খলা,
একজন গবেষক হিসেবে কৌতূহল,
এবং একজন সমাজসেবক হিসেবে মানবিক দায়িত্ববোধ—
এই তিনটি মূল্যবোধের উপর দাঁড়িয়েই গড়ে উঠেছে তাঁর চিন্তা, দর্শন ও জীবনদৃষ্টি।

তার রচিত “স্টক মার্কেট: ভিতর থেকে দেখা এক গল্প” গ্রন্থটি শুধুমাত্র শেয়ারবাজার নয়, বরং মানুষের মন, সমাজ এবং জীবনের বাস্তবতার সঙ্গে বাজারের গভীর সংযোগ অন্বেষণের এক আন্তরিক প্রচেষ্টা।

-1.68%
72.67
+4.37%
380.44

MESSAGE OF BEST WISHES

It gives me immense pleasure to extend my heartfelt congratulations to Mr. Bholanath Das on the publication of his insightful book on the stock market. This work reflects not only his deep knowledge and expertise but also his commitment to educating and empowering individuals in the field of financial literacy.

In today's rapidly evolving economic landscape, understanding the stock market is no longer a luxury but a necessity. This book, with its simplified approach to technical and options analysis, serves as a valuable guide for both beginners and experienced investors. It has the potential to inspire readers to make informed decisions and build confidence in navigating financial markets.

I commend Mr. Das for his dedication and contribution to spreading practical knowledge in such an important domain. His efforts will undoubtedly benefit countless readers and aspiring traders.

I wish this book great success and hope it reaches a wide audience across the globe.

With best wishes,
Prof. Dr. Parin Somani
Director
London Organisation of Skills Development
London, United Kingdom

MESSAGE OF APPRECIATION

Dear Das, Bholanath

It is with great pleasure that I extend my heartfelt wishes to Bholanath Das on the release of his insightful book on the stock market. This work beautifully simplifies the complexities of trading and investing, making it accessible to learners from all walks of life.

In a world where financial literacy is more important than ever, this book stands as a guiding light—empowering individuals to understand markets not just as numbers, but as stories of discipline, strategy, and vision. Bholanath Das has combined knowledge with clarity, offering readers both confidence and direction.

I truly believe this book will inspire aspiring traders, investors, and young minds to approach the financial world with curiosity and courage. May it reach countless readers and create a positive impact in their journey toward financial independence.

Wishing you continued success and global recognition for your valuable contribution.

With warm regards,
Dame Munni Irone
Founder, Art 4 Peace Awards
Philanthropist & Corporate Trainer
Beverly Hills, CA, USA

MESSAGE OF APPRECIATION

আমার প্রাক্তন সহকর্মী ও বিশিষ্ট শিক্ষাবিদ শ্রী ভোলানাথ দাস মহাশয়কে তাঁর “স্টক মার্কেট: ভিতর থেকে দেখা এক গল্প” শীর্ষক মূল্যবান গ্রন্থ প্রকাশের জন্য জানাই আন্তরিক অভিনন্দন ও শুভেচ্ছা।

আমার দৃঢ় বিশ্বাস, এই বইটি অসংখ্য পাঠককে অনুপ্রাণিত করবে এবং আর্থিক সচেতনতা বৃদ্ধিতে এক গুরুত্বপূর্ণ ভূমিকা পালন করবে। জটিল শেয়ারবাজারের বিষয়গুলিকে সহজ, সুস্পষ্ট ও প্রাঞ্জলভাবে উপস্থাপন করার মাধ্যমে তিনি যে জ্ঞানভাণ্ডার সৃষ্টি করেছেন, তা নিঃসন্দেহে নতুন ও অভিজ্ঞ—উভয় শ্রেণির পাঠকদের জন্য সমানভাবে উপকারী হবে।

শিক্ষক, গবেষক ও সমাজসেবক হিসেবে তাঁর নিষ্ঠা ও দৃষ্টিভঙ্গি এই গ্রন্থের প্রতিটি পাতায় প্রতিফলিত হয়েছে। আমি তাঁর এই উল্লেখযোগ্য সাফল্যের জন্য আন্তরিকভাবে গর্বিত এবং তাঁর ভবিষ্যৎ জীবনে আরও সাফল্য ও সৃজনশীল অবদানের কামনা করি।

শুভেচ্ছান্তে,

শ্রী অনির্বাণ চক্রবর্তী
সহকারী অধ্যাপক, সংস্কৃত বিভাগ
উদয়নারায়ণপুর মাধবীলতা মহাবিদ্যালয় (হাওড়া)

MESSAGE OF APPRECIATION

"আমাদের বিদ্যালয়ের ভারপ্রাপ্ত প্রধান শিক্ষক মাননীয় ভোলানাথ দাস মহাশয়ের রচিত স্টক মার্কেট বিষয়ক গ্রন্থ 'ভিতর থেকে দেখা এক গল্প' প্রকাশিত হতে চলেছে জেনে আমরা অত্যন্ত আনন্দিত ও গর্বিত। এই গুরুত্বপূর্ণ কাজের জন্য তাঁকে আন্তরিক অভিনন্দন ও শুভেচ্ছা জানাই।

আশা করি, এই গ্রন্থটি সাধারণ মানুষ থেকে শুরু করে মধ্যবিত্ত ও উচ্চবিত্ত সকল স্তরের মানুষের মধ্যে আর্থিক সচেতনতা বৃদ্ধিতে গুরুত্বপূর্ণ ভূমিকা পালন করবে এবং পাঠকদের কাছে বিশেষভাবে সমাদৃত হবে।

তাঁর এই প্রয়াস ভবিষ্যতেও আরও বৃহত্তর সাফল্যের পথে এগিয়ে যাক—এই কামনা রইল।"

Samir Majhi
Assistant Teacher
Phulbari Sitala High School (H. S.)

MESSAGE OF APPRECIATION

বই প্রকাশ

'বই প্রকাশ' কথাটির মধ্যে জড়িয়ে আছে গুরু শিষ্যের সম্পর্ক। সম্মানীয় এক গুণীজন তাঁর মনের ভাবনা কে অত্যন্ত নিখুঁত ও সুনিপুণ ভাবে প্রকাশ করার প্রথম সোপান বই প্রকাশ। যে সব লেখক বা লেখিকা বই প্রকাশ করেন তাতে নিজেদের মনের ভাব উজাড় করে দেন পাঠক পাঠিকাদের জন্য।

এ রকম এক অন্য স্বাদের 'বই প্রকাশ' নিয়ে ভাবনা শুরু করলেন মাননীয় শ্রী ভোলানাথ দাস মহাশয়। তিনি বিভিন্ন জাতীয় স্তরে পুরস্কার প্রাপ্ত স্যার। শেয়ার বাজারে গভীরে প্রবেশ করে জ্ঞান লাভের জন্য বই প্রকাশ।

এই বই টি গতানুগতিক অ আ ক খ বা A B C D শেখার বই নয়, এই বই টি থেকে জ্ঞান সংগ্রহ করে শরীরের প্রতিটি অঙ্গ প্রত্যঙ্গে মিশ্রিত করে জীবনে প্রতিষ্ঠিত হওয়ার একটি সোপান।

যে কোনো অপরিষ্কার জল বিন্দু যেমন 'পদ্মের পাতায়' পড়লে চক চক করে, আমাদের SODT শিক্ষা প্রতিষ্ঠান টি ঠিক এ রকম যে কোনো স্তরের ছাত্র ছাত্রী এই প্রতিষ্ঠান থেকে জ্ঞান লাভ করলে, সমাজে প্রতিষ্ঠা পাওয়ার সুযোগ পাবেন।
প্রণাম নেবেন স্যার, ভালো থাকবেন।

Devroy Ghosh,
Student
School of Day Traders

MESSAGE OF APPRECIATION

আপনার চোখে দেখা ভারতীয় শেয়ার বাজার ঠিক যেন অর্জুন এর চোখে দেখা পাখির চোখ। আপনি যেভাবে বাজার কে দেখতে পান সেভাবে আমার মনে হয় না আর কেউ দেখে। আর SODT স্ট্র্যাটেজি মাস্টার প্রিমিয়াম হলো সেই অর্জুনের লক্ষ্যভেদ।

এই দক্ষতা অর্জন করার পেছনে যে কঠোর পরিশ্রম, একাগ্রতা, দীর্ঘদিনের নিরলস প্রচেষ্টা, ব্যর্থতা ও তাকে ছাপিয়ে সাফল্য লাভ করা, এসব হয়তো আমাদের মত ছোট ট্রেডার দের পক্ষে বোঝা সম্ভব হবে না কোনোদিন। তবে আপনার তৈরি করা এই ব্রহ্মাস্ত্র আজকের দিনে দাঁড়িয়ে ক্যান্সারের এর ঔষধ আবিষ্কারের সমান বলে আমার মনে হয়।

কেন বলছি তার কারণ, এই ক্যান্সার নামক বেকারত্ব আজ আমাদের পশ্চিমবঙ্গের এক জ্বলন্ত সমস্যা, যেটা দিনের পর দিন বেড়েই চলেছে। আর সেখানে দাঁড়িয়ে আজকের দিনে আপনার এই অস্ত্র বহু মানুষের অন্ন সংস্থানের ব্যবস্থা করেছে এবং ভবিষ্যতেও করবে বলে আমার বিশ্বাস। সঠিক সময়ে ট্রেড এন্ট্রি আর এক্সিট করে শুধুমাত্র প্রফিট করার উদ্দেশ্যে এই অস্ত্র টি বানানো হয় নি, ভুল এন্ট্রি থেকে নিজেকে বিরত রাখার জন্যও এটা তৈরি করা হয়েছে। অস্ত্র শুধুমাত্র আক্রমণ করার জন্য নয়, প্রতিরক্ষার জন্যও। ভুল ট্রেডে ছোট ট্রেডারদের টাকা লস হওয়ার থেকে আপনি বাঁচিয়েছেন। এর গুরুত্ব অপরিসীম।

আর অনেক শুভেচ্ছা ও অভিনন্দন রইলো আপনার লেখা স্টক মার্কেটের এই নবতম সংযোজনের জন্য। বইটি পড়ে আপনার উচ্চতায় পৌঁছাতে পারবনা জানি তবে আপনার পদাঙ্ক অনুসরণ করতে পারব কিছুটা হলেও।

সবশেষে বলি, যে মানুষ টা নিজেকে উজাড় করে সমাজের কল্যাণের জন্য প্রতিনিয়ত সচেষ্ট, ঈশ্বর তার পাশে সর্বদা থাকবেন এই প্রার্থনা করি।

Abhijit Sanyal
Student
School of Day Traders

MESSAGE OF APPRECIATION

অন্তরের গভীর থেকে শ্রদ্ধা জানাই প্রিয় স্যারকে।

আজ একটি বিশেষ দিন—স্যারের লেখা শেয়ার বাজার নিয়ে বইটি প্রকাশিত হতে চলেছে।

স্যারের কাছ থেকে শেখার সুযোগ পেয়ে আমরা নিজেদের অনেক কিছু নতুনভাবে ভাবতে ও বুঝতে পেরেছি। তাঁর দিকনির্দেশনা আমাদের সামনে একটি পরিষ্কার পথ তৈরি করেছে, যেখানে আমরা ধীরে ধীরে এগিয়ে যাওয়ার চেষ্টা করছি।

এই বইটি শুধু একটি প্রকাশনা নয়, বরং স্যারের অভিজ্ঞতা ও শেখার যাত্রার একটি অংশ। যারা এটি পড়বেন, তারা হয়তো নতুন কিছু দৃষ্টিভঙ্গি ও শেখার সুযোগ পাবেন।

স্যার, আপনি আমাদের কাছে একজন শিক্ষকই নন, বরং এমন একজন যিনি আমাদের শেখার পথে এগিয়ে যেতে উৎসাহ দিয়েছেন।

আপনার এই অর্জনের জন্য আন্তরিক শুভেচ্ছা রইলো, এবং ভবিষ্যতে আরও ভালো কাজের প্রত্যাশা করছি।

Rahul Roy
Student
School of Day Traders

MESSAGE OF APPRECIATION

শ্রদ্ধেয় স্যার, আপনার চরণে আমার প্রণাম।

শেয়ার মার্কেটে আপনার সাথে পরিচয়ের আগে আমি অনেকটাই অনিশ্চয়তার মধ্যে ছিলাম এবং কিছু ভুল সিদ্ধান্তের কারণে ক্ষতিও হয়েছে। তবে শেখার চেষ্টা চালিয়ে গিয়েছিলাম। সেই সময় আপনার কাছ থেকে শেখার সুযোগ পাওয়া আমার জন্য গুরুত্বপূর্ণ একটি ধাপ ছিল।

আপনার কাছ থেকে শুধু ট্রেডিং নয়, ধৈর্য, শৃঙ্খলা এবং বাস্তবভাবে চিন্তা করার অভ্যাস শিখেছি। আপনার নির্দেশনা এবং ইন্ডিকেটর ব্যবহার করে এখন আমি আগের তুলনায় অনেক বেশি সচেতনভাবে ট্রেড নিতে পারছি।

এখনও শেখার পথ চলছে, তবে ধীরে ধীরে উন্নতি হচ্ছে এবং ভবিষ্যতে আরও ভালো করার আশা রাখি।

আপনাকে ধন্যবাদ স্যার, আপনার দিকনির্দেশনা আমার জন্য মূল্যবান।

Arijit Das
Student
School of Day Traders

সূচিপত্র

TABLE OF CONTENTS

পর্ব ১

বাজারের মন

(মানুষের মনস্তত্ত্ব ও বাজারের ওঠানামা)

অধ্যায় ১

বাজার মানে কী?

গ্রামের সকালের রোদ তখনও পুরোপুরি চড়ে বসেনি। স্কুলের ঘন্টা বাজেনি, আমি চায়ের দোকানের বেঞ্চে বসে আছি। হাতে মোড়ক কাটা AAJKAL পত্রিকা, আর পাশে বসে নিতাইদা—যিনি সব জানেন, সব বলেন।

চায়ের কাপ থেকে ধোঁয়া উঠছে, আর আড্ডায় ঘুরে ফিরে একটাই শব্দ—"বাজার"।

"কাল বাজারে শেয়ার নেমে গেছে রে!"—নিতাইদার গলায় একরাশ চিন্তা।
আমি হাসলাম, "তুমি আবার শেয়ার চেনো নাকি?"

সে বলে, "চিনি না, কিন্তু শুনি যে যারা জানে, তারা একদিনেই লাখপতি হয়ে যায়।"

সেই প্রথমবার শব্দটা আমার কানে অন্যরকম লাগল—

"বাজার"

আমরা তো প্রতিদিন বাজারে যাই—সবজি, চাল, ডাল কিনতে। কিন্তু এই যে আরেক বাজার, যেখানে মানুষ কিনছে 'কোম্পানির অংশ', বিক্রি করছে 'বিশ্বাস'—এ বাজারটা কেমন?

সেদিন থেকেই একটা প্রশ্ন ভিতরে জন্ম নিল—

“মানুষ কেন কিনে?”

“কেন বিক্রি করে?”

“এই কেনার-বেচার ভিতর কী লুকিয়ে আছে?”

পরে বুঝেছি—বাজার মানে মানুষের মনের প্রতিফলন।

যেদিন মানুষ আশাবাদী, দাম বাড়ে।

যেদিন ভয় বাড়ে, দাম পড়ে।

তাহলে বাজার আসলে একটি সমষ্টিগত মন, যেখানে কোটি কোটি মনের ভাবনা একসাথে মিশে যায়।

স্কুলের ক্লাসে যেমন ছাত্রদের মুখ দেখেই বোঝা যায়, কে পড়েছে, কে পড়েনি—ঠিক তেমনি বাজারের প্রতিটি ওঠা-নামা মানুষের ভেতরের গল্প বলে।

চার্ট, লাইন, ক্যান্ডেল-

এসব কেবল বাহ্যিক ভাষা।

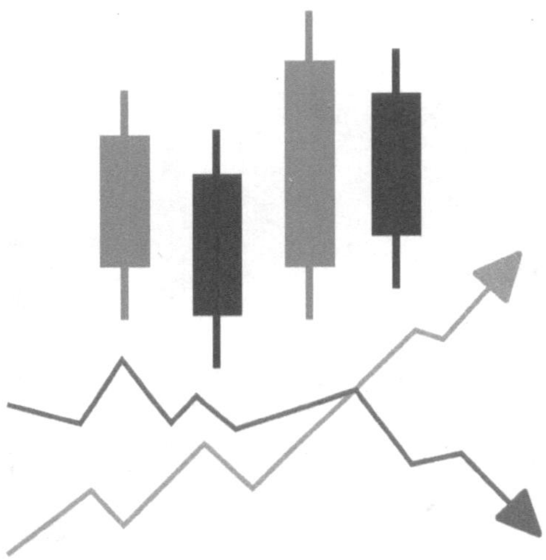

ভিতরের সত্যি কথা হলো **মনস্তত্ত্ব।**

এক সময় আমি ক্যান্ডেলস্টিক, ট্রেন্ডলাইন—সব শিখেছিলাম।
কিন্তু যতই শিখেছি, ততই বুঝেছি—
"চার্ট দেখলে বাজার বোঝা যায় না, মন বোঝা গেলে চার্টও কথা বলে।"
একবার এক বৃদ্ধ বিনিয়োগকারীকে দেখেছিলাম, চুপচাপ অফিসের কোণে বসে আছেন। বাজারে পতন চলছে, সবাই ভয় পেয়ে বিক্রি করছে।
আমি জিজ্ঞেস করলাম, "দাদা, আপনি কিছুই করছেন না?"
তিনি হেসে বললেন,
"আমি বাজার দেখি না, আমি মানুষ দেখি।"

এই একটা বাক্য আমার জীবন বদলে দিয়েছিল।

সেদিন বুঝেছিলাম—

বাজার মানে দাম নয়, **বিশ্বাস**।

বাজার মানে সময় নয়, **ধৈর্য**।

বাজার মানে সুযোগ নয়, **প্রস্তুতি**।

ট্রেডিং রুমে, ব্রোকারের অফিসে, কিংবা একা ঘরে বসে স্ক্রিনের সামনে—
যেখানেই থাকি না কেন, বাজার আসলে আমাদের নিজের প্রতিচ্ছবি।

আমরা যতটা শান্ত, বাজারও আমাদের ততটাই স্পষ্ট দেখায়।

আমরা যতটা অস্থির, বাজারও ততটাই বিভ্রান্ত।

একজন শিক্ষক যেমন ক্লাসে প্রতিদিন ছাত্রদের মনের ওঠানামা বোঝে,
একজন ট্রেডারও তেমনি প্রতিদিন বাজারের মনের ওঠানামা বোঝে।

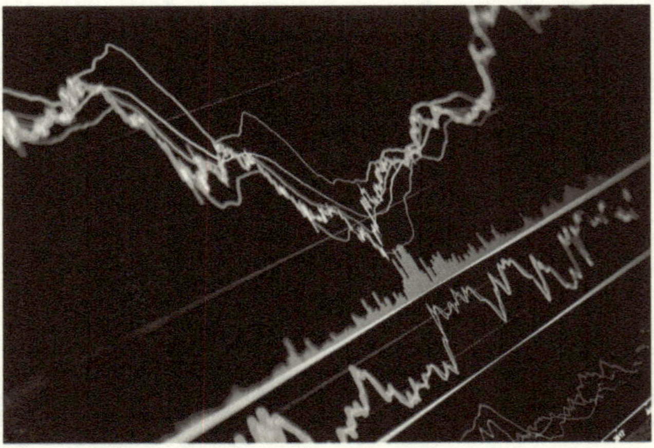

ফারাক শুধু—এখানে নম্বর নয়, ধৈর্যই পাস নম্বর।

সারাংশ

• বাজার মানে দাম নয়, মানুষের মন।

• ভয়, লোভ, আশা – এই তিনে বাজারের ছন্দ গড়ে ওঠে।

• চার্টে সত্যি আছে, কিন্তু সত্যের ভাষা মনস্তত্ত্ব।

• ট্রেডার মানে চার্ট পাঠক নয়, মানুষ পাঠক।

"বাজার শেখায় না কিভাবে টাকা রোজগার করতে হয়,
শেখায় কিভাবে মানুষ হতে হয়।"

— ভোলানাথ দাস

অধ্যায় ২

ভয় ও লোভের নাট্যমঞ্চ

বাজারের দিনটা শুরু হয়েছিল বেশ শান্তভাবে।

সকালে সূর্যের আলো ঠিক যেমন স্নিগ্ধ ছিল, তেমনি নিফটি-র গ্রাফও ছিল সমতল।

কিন্তু দুপুরে হঠাৎ খবর এল—একটি বড় কোম্পানির আয় কমেছে।

কয়েক মিনিটের মধ্যে দাম পড়তে শুরু করল।

যে স্ক্রিনে সবুজ আলো ঝলমল করছিল,

সেটা এখন লাল হয়ে উঠল।

মনে প্রশ্ন এল—"বিক্রি করে দিই?"

এটাই ভয়।

এই ভয়ই প্রতিদিন হাজারো সিদ্ধান্তের নিয়ন্ত্রক।

ভয় মানুষকে ভুল সময়ে বিক্রি করতে শেখায়।

আর লোভ শেখায় ভুল সময়ে কিনতে।

এই দুই শক্তিই বাজারের নাট্যমঞ্চের প্রধান অভিনেতা।

ভয়ের ঠিক বিপরীতে বসে আছে লোভ—

যে মানুষকে বলে, "আরো একবার কিনলে হয়তো দ্বিগুণ লাভ হবে।"

কিন্তু বাজারের শিক্ষকতা অন্যরকম—

এখানে শাস্তি দ্রুত, পুরস্কার ধীর।

এক তরুণ ট্রেডার একদিন বলেছিল,

"স্যার, আমি মাত্র এক সপ্তাহে ২০ হাজার থেকে ৪০ হাজার করেছি!"

আমি হেসে বলেছিলাম,

"যে গতিতে টাকা আসে, সে গতিতেই চলে যায়।"

ভয় ও লোভকে জয় করা মানে তাদের মেরে ফেলা নয়—

বরং তাদের চেনা, বোঝা, ও দূরত্বে রাখা।

সফল ট্রেডাররা ভয়কে শিক্ষক বানায়, লোভকে সতর্ক সংকেত বানায়।

সারাংশ

• ভয় শেখায় সতর্কতা, কিন্তু ভয়েই সিদ্ধান্ত নিলে ক্ষতি হয়।

• লোভ উন্নতির আকাঙ্ক্ষা দেয়, কিন্তু অতিরিক্ত লোভ বিপর্যয় আনে।

• সফলতা আসে যখন মন ব্যালান্স হয়, ইন্ডিকেটর নয়।

• ভয় ও লোভ বাজারের ভাষা, ট্রেডার শিখে তাদের অনুবাদ করতে।

"ভয়কে বোঝা মানে বিপদকে দেখা নয়, বরং সুযোগকে চিনে নেওয়া।"

— ভোলানাথ দাস

অধ্যায় ৩

ট্রেডার বনাম জুয়াড়ি

একদিন বিকেলে আমি দেখি, চায়ের দোকানে কয়েকজন তাস খেলছে।

একজন বলে, "এইবার ভাগ্য আমার দিকেই আছে।"

তাদের চোখে আগুন, মনে ভয়।

এই দৃশ্যটিই বাজারের প্রতিচ্ছবি।

বাজারেও প্রতিদিন হাজার মানুষ একইভাবে ভাবে—

"আজ ভাগ্য আমার দিকেই।"

কিন্তু ভাগ্যে নয়, বাজার চলে শৃঙ্খলায়।

জুয়াড়ি ভাবে, "আজ কপাল ভালো, তাই কেনা।"

ট্রেডার ভাবে, "আজ সিস্টেম বলছে কেনা।"

দু'জনের কাজ এক, কিন্তু চিন্তা ভিন্ন।

যে ট্রেডার প্রতিদিন নিজের নিয়ম লিখে রাখে,

সে বাজারের সঙ্গে লড়ে নয়, সহযোগিতা করে।

আর যে ভাবে "দেখি কপাল কী বলে",

সে বাজারে নয়, নিজের অস্থিরতায় হারায়।

আমি যখন প্রথম বড় ক্ষতি করেছিলাম, বুঝেছিলাম—

বাজার আমাকে হারায়নি, আমি নিজেকেই হারিয়ে ছিলাম।

কারণ বাজারে টাকার ক্ষতি সাময়িক,

কিন্তু মনোবলের ক্ষতি স্থায়ী।

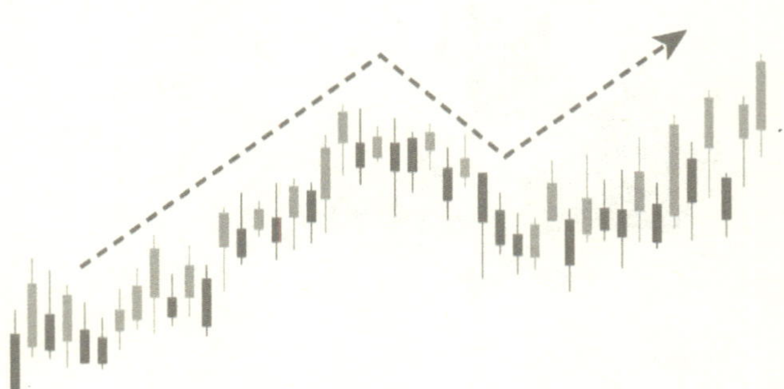

সারাংশ

• বাজার কখনো জুয়া নয়, কিন্তু শৃঙ্খলাহীন মানুষ একে জুয়ায় পরিণত করে।

• জুয়াড়ি ভাগ্যে বিশ্বাস করে, ট্রেডার নিয়মে বিশ্বাস করে।

• "না ট্রেড করা" ও একপ্রকার ট্রেড।

• সফলতা মানে বাজার জয় নয়, আত্মনিয়ন্ত্রণ জয়।

"বাজারে সবচেয়ে বড় জয় নয়, সবচেয়ে বড় শৃঙ্খলাই আসল সম্পদ।"

— ভোলানাথ দাস

পর্ব ১: এর উপসংহার:

"বাজার আসলে এক আয়না, যেখানে আমরা নিজেদেরই দেখি। ভয়, লোভ, আশা — তিনেই মানুষ হারায়, আবার তিনেতেই মানুষ শেখে।"

1.618
0.382
0.25
1.618
0.625
2.618
0.25
0
0.75
0.786
0.25
5.40S PROGRESS
0.75

MARKET INF
WEEKLY CLOSES
17,000
15,000
13,000
11,000
A M J J A S O N D J F
'14
'15

পর্ব ২: চার্ট নয়, চরিত্র

বাজার বোঝা মানে রেখা নয়, চিন্তা বোঝা

চার্টের পেছনের গল্প

প্রথমবার যখন আমি চার্ট দেখেছিলাম,
আমার মনে হয়েছিল—এ যেন এক পাহাড়ি নদীর মতো,
কখনও শান্ত, কখনও উচ্ছ্বসিত, কখনও গভীর নীরব।
সবুজ আর লাল বারগুলোর মধ্যে লুকিয়ে ছিল মানুষের ভয়, আশা, এবং স্মৃতি।
তখনই মনে হয়েছিল—
"চার্ট মানে রেখা নয়, মানুষের ইতিহাস।"
প্রতিটি ক্যান্ডেলের পেছনে আছে একজন মানুষ,
যিনি কেনেন, বিক্রি করেন, আবার অপেক্ষা করেন।
চার্ট সেই সব মুহূর্তের সমষ্টি—
যেখানে কোটি কোটি সিদ্ধান্ত এক ছবিতে মিশে গেছে।

*This image is used from internet sources for reference only.

বাজারের প্রতিটি ওঠানামা একটা গল্প বলে।
যেদিন দাম বাড়ে, কেউনা কেউ ভরসা রাখে।
যেদিন দাম পড়ে, কেউনা কেউ ভয় পায়।
তাই আমি সবসময় বলি—

"চার্ট বাজার বোঝায় না, মানুষ বোঝায়।"

একজন ট্রেডার যদি চার্ট দেখে, কিন্তু চরিত্র না বোঝে,
তবে সে সংখ্যার দাস হয়ে যায়।
কিন্তু যে মানুষ সংখ্যার পেছনের কারণ বোঝে,
সে হয়ে ওঠে বাজারের ছাত্র।

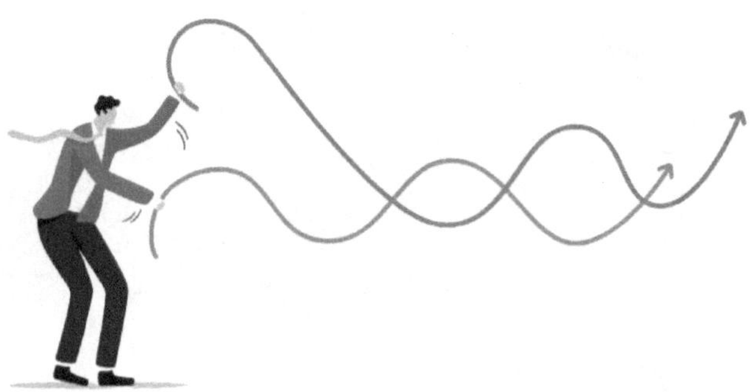

আমি একবার এক ছেলেকে শেখাচ্ছিলাম চার্ট রিডিং।

সে খুব মনোযোগ দিয়ে ক্যান্ডেল গণনা করছিল।

আমি তাকে জিজ্ঞেস করলাম,

"তুমি কী দেখছ?"

সে বলল, "স্যার, দাম বাড়ছে, লাল-সবুজ ক্যান্ডেল পাল্টাচ্ছে।"

আমি বললাম,

"আর আমি দেখছি, বাজারে মানুষ কাঁদছে, কেউ হাসছে, কেউ দ্বিধায় আছে।"

ও অবাক হয়ে বলল, "মানে?"

আমি হেসে বললাম,

"তুমি দাম দেখছ, আমি মানুষ দেখছি।"

এই বোঝাটাই পার্থক্য—

চার্ট দেখা আর চার্ট বোঝার মধ্যে।

বাজারে লাইন টানা সহজ,
কিন্তু সেই লাইনের মানে খুঁজে পাওয়া কঠিন।
কারণ বাজারের প্রতিটি রেখা একেকটি আবেগের দাগ।
যে দাগকে কেউ বলে "সাপোর্ট", কেউ বলে "রেজিস্ট্যান্স",
আমি বলি — "মানুষের বিশ্বাসের সীমারেখা।"

চার্ট কখনও মিথ্যা বলে না,
কিন্তু আমরা মিথ্যা আশা নিয়ে তাকে দেখি।
এই আশাই ভুলের শুরু।
যেদিন আমরা চার্টকে বুঝব মানুষের আচরণের আয়না হিসেবে,
সেদিনই আমরা শিখব—
বাজারে দেখা মানে দেখা নয়, **বোঝা।**

সারাংশ

- চার্ট হল মানুষের আবেগের মানচিত্র।
- প্রতিটি ক্যান্ডেল মানে একেকটি সিদ্ধান্ত, একেকটি গল্প।
- দাম নয়, বিশ্বাসই বাজারকে চালায়।
- চার্ট দেখা নয়, বোঝাই ট্রেডারের কাজ।

"চার্ট মানুষ নয়, কিন্তু মানুষের মতোই কথা বলে—
যদি শুনতে জানো।"

— ভোলানাথ দাস

অধ্যায় ৫

ইন্ডিকেটর নয়, প্রবণতা বোঝা শেখা

*This image is used from internet sources for reference only.

একবার এক ছাত্র আমাকে জিজ্ঞেস করেছিল,
"স্যার, কোন ইন্ডিকেটর সবচেয়ে ভালো?"
আমি বলেছিলাম,
"যেটা তোমার মনকে শান্ত রাখে, সেটাই সেরা।"
কারণ বাজারে সব ইন্ডিকেটরই সত্যি,
আবার সব ইন্ডিকেটরই মিথ্যা।
সত্যি তখনই, যখন তুমি জানো কখন তা কাজে লাগে,
মিথ্যা তখনই, যখন তুমি জানো না কাকে বিশ্বাস করবে।

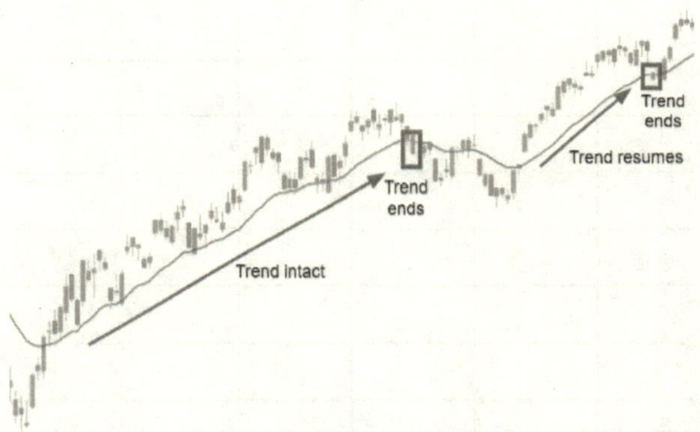

বাজারের সবচেয়ে বড় ইন্ডিকেটর হল সময়ের প্রবাহ।
সবকিছুরই একটা ছন্দ আছে—
কখন দাম অতিরিক্ত বাড়ে, কখন বিশ্রাম নেয়, কখন আবার শুরু করে।
এই ওঠানামা আসলে মানুষের শ্বাস-প্রশ্বাসের মতো।
একজন ট্রেডার যদি শ্বাসের ছন্দ না বোঝে,
তবে সে সংখ্যার মাঝে ডুবে যায়।
কিন্তু যে বাজারের ছন্দ বোঝে,
সে নিজের মনের ছন্দের সঙ্গে মিলিয়ে নেয়।

আমি সবসময় বলি—
“ইন্ডিকেটর তোমাকে সংকেত দেয়,
কিন্তু সিদ্ধান্ত তোমার মন নেয়।”
তাই বাজারে সফল হতে চাইলে
তুমি চার্ট নয়, সময়ের চরিত্র বোঝো।
যে সময় শান্ত, সেখানে বিশ্রাম।
যে সময় অস্থির, সেখানে সতর্কতা।
এটাই প্রবণতা বোঝা।

বাজারে ট্রেন্ড হলো নদীর স্রোতের মতো।
তুমি যদি স্রোতের বিপরীতে সাঁতার কাটো,
কিছুটা এগোবে, কিন্তু খুব তাড়াতাড়ি ক্লান্ত হবে।
আর যদি স্রোতের সঙ্গে চল,
কম পরিশ্রমে দূর যেতে পারবে।
ঠিক তেমনই,
বাজারের প্রবণতা বুঝে চলাই সফল ট্রেডারের প্রথম পাঠ।

সারাংশ

- ইন্ডিকেটর কেবল দিক নির্দেশ করে, সিদ্ধান্ত নেয় তোমার মন।
-
- প্রবণতা বোঝা মানে সময়ের ছন্দ বোঝা।
-
- ট্রেন্ডের বিপরীতে লড়াই মানে শক্তির অপচয়।
-
- সাফল্য আসে যখন তুমি বাজারের ছন্দের সঙ্গে এক হয়ে যাও।

"ইন্ডিকেটর নয়,
সময়ই সবচেয়ে বড় শিক্ষক।"

— ভোলানাথ দাস

অধ্যায় ৬

টাইমফ্রেম — সময়ের আয়না

*This image is used from internet sources for reference only.

একদিন সকালে নিফটি চার্ট খুলে দেখি—দাম বাড়ছে।
এক ঘণ্টা পর দেখি—দাম কমছে।
দুপুরে দেখি—আবার বাড়ছে।
আমি ভাবলাম, "এই বাজার আসলে চায় কী?"
তখন বুঝলাম,
বাজার কখনো বদলায় না, বদলায় সময়ের আয়না।

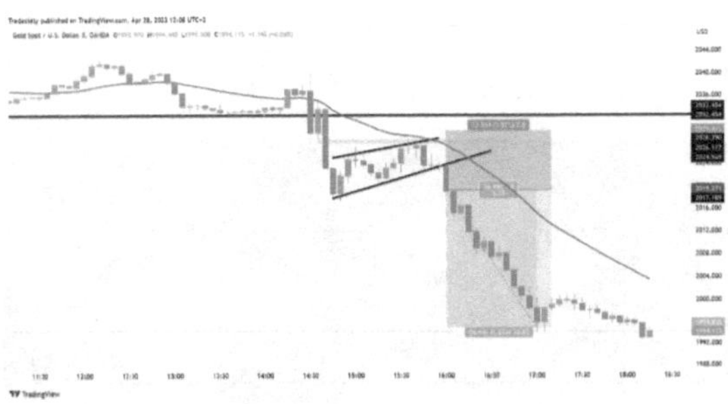

একটি ছোট সময় ফ্রেমে যা ভয়ানক ঝড়,
বড় সময় ফ্রেমে তা হয়তো সামান্য বাতাস।
ঠিক যেমন জীবনে একদিনের কষ্ট,
দশ বছরের গল্পে তা হয়ে যায় শিক্ষা।

ট্রেডিংয়ের সময়ও তাই—
৫ মিনিটের চার্টে ভয়,
১ ঘণ্টার চার্টে আশা,
দৈনিক চার্টে বাস্তবতা,
মাসিক চার্টে দর্শন।
যে ট্রেডার একটাই সময় দেখে,
সে একচোখো মানুষ।
আর যে সব সময়ের আয়না মিলিয়ে দেখে,
সে হয় দর্শক, দার্শনিক, ও জয়ী।

আমি আমার ছাত্রদের বলি,
"টাইমফ্রেম বদলাও, দৃষ্টিভঙ্গি বদলাবে।"
একই বাজার, একই দাম, কিন্তু অন্য ব্যাখ্যা।
এটাই বাজারের আশ্চর্যতা—
তুমি যেমন দেখো, বাজার তেমনই তোমাকে দেখায়।

সময়ই একমাত্র আয়না,
যেখানে তুমি নিজের ধৈর্য দেখতে পাও।
যে ধৈর্য ধরে মাসিক চার্ট বোঝে,
সে জানে ক্ষতি আসবে, কিন্তু ভাঙবে না।
আর যে শুধু মিনিট দেখে,
সে লাভ পেলেও শান্তি হারায়।

"বাজার সময় বদলায় না,
সময়ই বদলায় আমাদের দৃষ্টি।"

— ভোলানাথ দাস

সারাংশ

- সময়ের পরিবর্তনে বাজারের অর্থ বদলায়।
- ছোট ফ্রেমে ভয়, বড় ফ্রেমে উপলব্ধি।
- টাইমফ্রেম বদলানো মানে দৃষ্টিভঙ্গি বদলানো।
- ট্রেডারের সবচেয়ে বড় অস্ত্র হলো ধৈর্য।

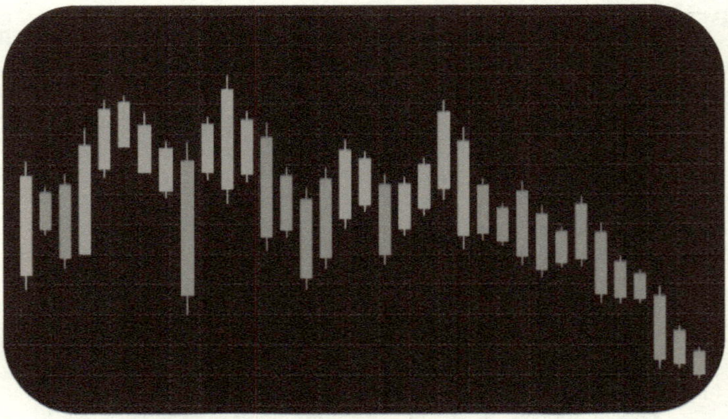

"বাজার সময় বদলায় না,
সময়ই বদলায় আমাদের দৃষ্টি।"

— ভোলানাথ দাস

পর্ব ২: এর উপসংহার:

"চার্টের বাইরে চরিত্র, ইন্ডিকেটরের বাইরে অভিজ্ঞতা,
আর সময়ের বাইরে ধৈর্য—
এই তিনেই গড়ে ওঠে একজনপ্রকৃত ট্রেডার।"

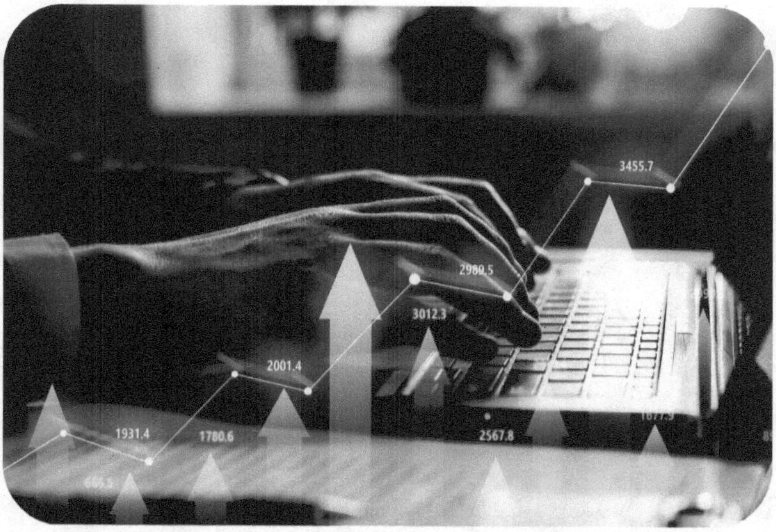

*This image is used from internet sources for reference only.

পর্ব ৩: সিস্টেমের নকশা

নিয়ম, শৃঙ্খলা ও নিজের পথ তৈরি করার গল্প

অধ্যায় ৭

চিন্তা থেকে সিস্টেম

বাজারে অনেকেই বলে—
"সিস্টেম ছাড়া ট্রেড করা মানে সমুদ্রে নৌকা ছাড়ানো, কিন্তু দিকনির্দেশ ছাড়াই।"

আমি প্রথম যখন ট্রেড শুরু করি, তখন আমারও কোনও দিকনির্দেশ ছিল না।

ভয় পেলে বিক্রি করতাম, খবর শুনে কিনতাম, আর শেষে হতাশ হয়ে ভাবতাম —"বাজার অন্যায়।"

একদিন এক সিনিয়র ট্রেডার বলেছিলেন,

"বাজার অন্যায় নয়, তুমি অপরিপক্ক।"

সেই দিনটা আমার জীবনের টার্নিং পয়েন্ট।

আমি বসে নিজের নিয়ম লিখতে শুরু করলাম—

- কখন ট্রেড করব,
- কখন বিরতি নেব,
- কতটুকু ক্ষতি সহ্য করব,
- এবং সবচেয়ে জরুরি—**কখন কিছুই করব না।**
-

এই "কিছুই না করা"-টাই সিস্টেমের সবচেয়ে শক্তিশালী নিয়ম।

একজন ট্রেডারের সবচেয়ে বড় শত্রু বাজার নয়,
বরং নিজের অস্থিরতা।
আর সেই অস্থিরতাকে নিয়ন্ত্রণে আনতে হলে নিয়ম লাগে।
সিস্টেম মানে কেবল কোড নয় বা সফটওয়্যার নয়,
বরং **চিন্তার শৃঙ্খলা।**
যখন তুমি জানো কেন ট্রেড নিচ্ছ,
আর জানো কখন থামবে,
তখনই তুমি সিস্টেমে প্রবেশ করেছ।

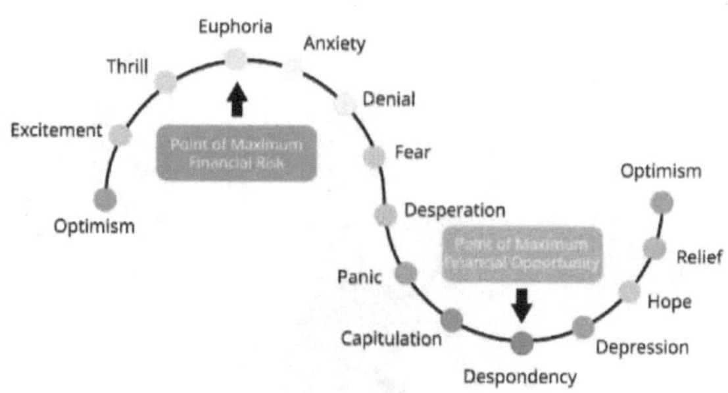

The Cycle of Market Emotions

আমি অনেক ছাত্রকে দেখেছি,
তারা ইন্ডিকেটর বদলায়, টাইমফ্রেম বদলায়, কিন্তু অভ্যাস বদলায় না।
তাদের বলি—
"বাজার বদলাবে, তুমি বদলাবে,
কিন্তু তোমার নীতিতে স্থির থেকো।"
সিস্টেম মানে তুমি নিজের সিদ্ধান্তে বিশ্বাস করো।
আর যখন সেটাই ঘটে,
বাজার আর তোমাকে নয়,
তুমি বাজারকে চালাও নিজের শৃঙ্খলায়।

সারাংশ

- সিস্টেম মানে নিয়ম, সফটওয়্যার নয়।
- চিন্তায় শৃঙ্খলা থাকলে বাজারে স্থিরতা আসে।
- "না করা"ও একপ্রকার শক্তিশালী সিদ্ধান্ত।
- সফল ট্রেডার সিস্টেম বানায় নিজের ভিতর থেকে।

"বাজারকে হারাতে নয়,
নিজের অস্থিরতা কে বশ মানাতে সিস্টেম লাগে।"

— ভোলানাথ দাস

অধ্যায় ৮

সিগন্যাল নয়, সিদ্ধান্ত

একদিন এক ছাত্র বলেছিল,
"স্যার, আমি সব সিগন্যাল ফলো করি, তবুও লস হয়।"
আমি জিজ্ঞেস করলাম,
"তুমি সিগন্যাল মানো, না বোঝো?"
সে বলল, "মানে?"
আমি বললাম,
"যদি তুমি বোঝো না কেন সিগন্যাল এসেছে,
তাহলে তুমি যন্ত্রের দাস, ট্রেডার নও।"

বাজারে হাজার সিগন্যাল আছে।
কিন্তু যিনি বোঝেন কেন একটা সিগন্যাল তৈরি হয়,
তিনিই জানেন কখন তা বিশ্বাসযোগ্য।
যন্ত্র দেখায় তথ্য,
কিন্তু সিদ্ধান্ত নেয় মানুষ।
এই ভারসাম্যটাই আসল পার্থক্য।

একজন অভিজ্ঞ ট্রেডার জানে—
সব সিগন্যাল মানে "অ্যাকশন" নয়।
অনেক সময় "অ্যাকশন না নেওয়া"ও সেরা পদক্ষেপ।
এটাই সেই পরিণত বোধ যা বইয়ে শেখানো যায় না,
শুধু সময় ও ক্ষতি শেখায়।

সারাংশ

- সিগন্যাল বোঝা মানে শুধু দেখা নয়, যুক্তি খোঁজা।
- প্রতিটি সংকেতের পেছনে আছে মানবিক মনোভাব।
- সব সিগন্যালেই কাজ হয় না, সময়ই আসল বিচারক।
- সফলতা আসে যখন সিদ্ধান্ত তোমার হয়, যন্ত্রের নয়।

"যন্ত্র দিতে পারে সংকেত,
কিন্তু শান্ত মনই নিতে পারে সিদ্ধান্ত।"

— ভোলানাথ দাস

অধ্যায় ৯

বায়াসনেস — দিক নির্দেশের বিজ্ঞান

একদিন সন্ধ্যায় আমি চার্টের দিকে তাকিয়ে ছিলাম।
দাম স্থির, কিন্তু মন অস্থির।
আমি ভাবছিলাম—"আগামী মাসে বাজার কোন পথে যাবে?"

তখন হঠাৎ মনে হলো,
বাজার তো নদীর মতো—প্রবাহ কখনো সোজা, কখনো বাঁকা।
তাহলে যদি এই প্রবাহের দিকটাই বুঝে নেওয়া যায়,
বাকি পথ তো সহজ!

এই ভাবনা থেকেই জন্ম নিল এক ধারণা—
বায়াসনেস, মানে বাজারের সামগ্রিক দিকনির্দেশ।

একজন ট্রেডার যদি জানে বাজারের মানসিক দিক কোন দিকে,
তাহলে সে ছোট ছোট ঢেউয়ে ভেসেও মূল স্রোতের সঙ্গে থাকতে পারে।
এটা টেকনিক নয়, এটা দৃষ্টিভঙ্গি।

বাজার প্রতিদিন ওঠানামা করে,
কিন্তু প্রতিদিন , প্রতি সপ্তাহ , প্রতি মাস এবং প্রতি বছর একটা প্রধান দিক থাকে।
যে ট্রেডার সেটা অনুভব করতে পারে,
সে ছোট ভুলেও বড় পথে ঠিক থাকে।

আমি এক ছাত্রকে বলেছিলাম,
"যদি দেখো সবকিছু উপরে, আর তুমি নিচে,
তাহলে সমস্যা বাজারে নয়, তোমার দিক নির্দেশে।"
বাজারের "দিক" বোঝা মানে সময়ের স্রোত বোঝা।
যে স্রোতে ভয় আছে, সেখানে শান্ত থাকো।
যে স্রোতে আশা আছে, সেখানে অংশগ্রহণ করো।

সারাংশ

- বায়াসনেস মানে বাজারের মানসিক দিক বোঝা।
- ছোট ঢেউ নয়, বড় প্রবাহের সঙ্গে থাকা ট্রেডারের কাজ।
- সময়ের মানসিক স্রোত বোঝা মানে সিদ্ধান্তে স্থিরতা।

"বাজারের দিক ঠিক থাকলে,
সামান্য ভুল ও ক্ষতিনয়।"

— ভোলানাথ দাস

পর্ব ৩: এর উপসংহার:

"বাজারে টিকে থাকার জন্য কৌশল নয়,
চিন্তার সিস্টেমই আসল অস্ত্র।"

*This image is used from internet sources for reference only.

পর্ব ৪: অপশন ট্রেডিং — বাস্তব দুনিয়া

সম্ভাবনা, ঝুঁকি ও আত্ম সংযমের গল্প

অধ্যায় ১০

অপশন মানে শুধু লট নয়, মানসিক খেলা

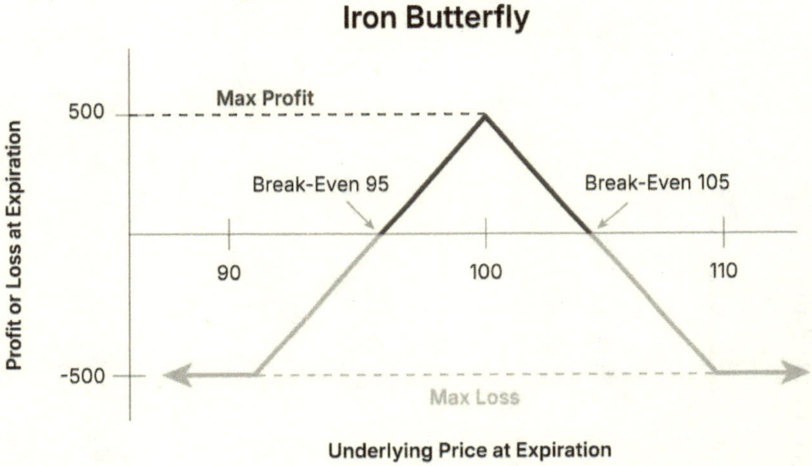

সেই বিকেলটা এখনো মনে আছে।
আমার অফিসের ঘরে ঢুকল সৌরভ — এক তরুণ ছাত্র, চোখেভয়, মুখে উদ্বেগ।
বলল,
"স্যার, আমি একটা কল অপশন কিনেছি, কিন্তু বাজার নড়ছে না।
আমার প্রিমিয়াম কমে যাচ্ছে!"

আমি চুপচাপ তাকালাম ও বললাম,
"তুমি জানো, তুমি আসলে কী কিনেছ?"
সে কিছুক্ষণ ভেবে বলল, "স্যার, আমি তো লাভের সুযোগ কিনেছি।"

আমি হেসে বললাম,
"না সৌরভ, তুমি কিনেছ সময়েরভা ড়া।
যদি বাজার না নড়ে, সেইভাড়া প্রতিদিন কমে যাবে।"

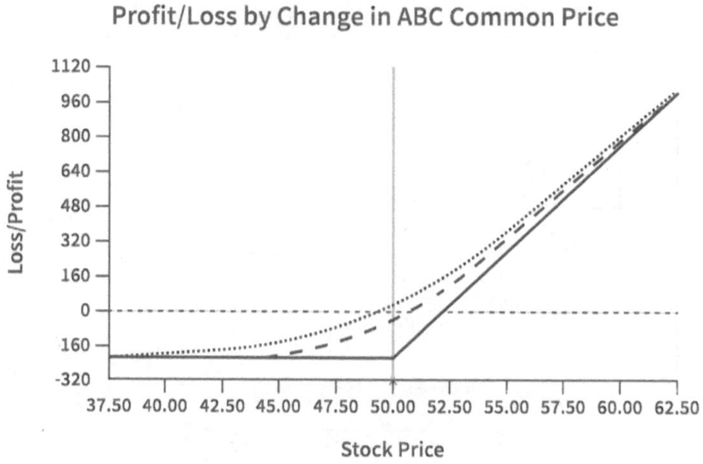

বাস্তব উদাহরণ

নিফটি তখন ২২,০০০।
সৌরভ ২২,২০০ কল অপশন কিনেছিল ₹১০০ দামে।
তিন দিন পর নিফটিএখনও ২২,০২০।
কিন্তু তার প্রিমিয়াম কমে ₹৬০।

সে অবাক, "বাজার তো নিচে যায়নি, তবু ক্ষতি কেন?"
আমি বললাম,
"কারণ বাজার না নড়লে সময় নড়ে।
আর সময়ের সঙ্গে লড়াই অসম্ভব।"

শিক্ষা
অপশন ট্রেডিং মানে দ্রুত লাভনয়,
বরং ধৈর্যের সঙ্গে সঠিক সময় বোঝা।

"অপশন ট্রেডিং শেখায়,
সময়ের দামই আসল প্রিমিয়াম।"

— ভোলানাথ দাস

অধ্যায় ১১

প্রিমিয়াম, গ্রীকস ও বাস্তবতা

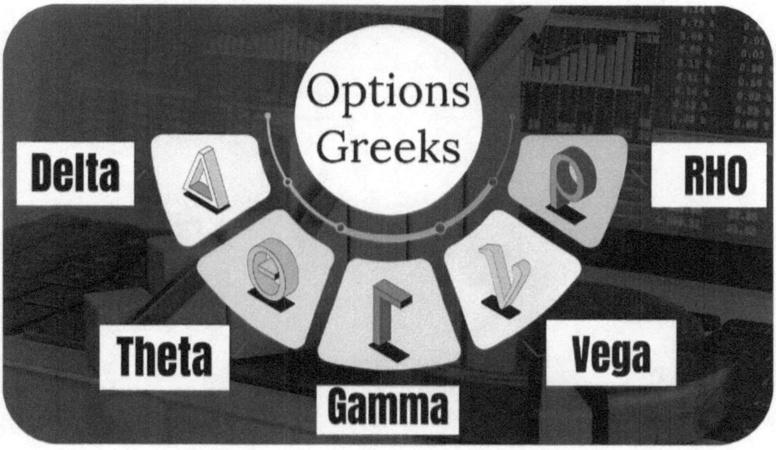

একদিন আমার আরেক ছাত্র, রোহিত, একগাদা নোটবুক নিয়ে এল।
সে গ্রীকস নিয়ে মাথা ঘামাচ্ছে — ডেল্টা, গামা, থিটা, ভেগা…
আমি দেখলাম তার চোখে আতঙ্ক।

বলল, "স্যার, আমি কিছুই বুঝিনা, কিন্তু সবাই বলছে গ্রীকসনা জানলে ট্রেড করা যায় না।"
আমি হেসে বললাম,
"তুমি কি গাড়ি চালাতে গেলে ইঞ্জিনের সব স্ক্রু বোঝো?"
সে বলল, "না স্যার।"
"তবুও তো গাড়ি চলে! ঠিক তেমনি, গ্রীকস মানে সূত্র নয়, সময়, গতি ও প্রত্যাশার গল্প।"

মিষ্টির দোকানের উদাহরণ

আমি তাকে বললাম,
"একটা গরম রসগোল্লা বেরিয়েছে — দাম ₹২০।
সন্ধ্যায় ঠান্ডা হয়ে গেলে দোকানদার ₹১৫ নেবে। কেন?"
রোহিত বলল, "কারণ সময় পারহলে স্বাদ কমে।"

আমিবললাম,
"ঠিক তেমনি বাজারের প্রত্যাশা যত গরম থাকে, প্রিমিয়াম তত বাড়ে।
আর প্রত্যাশা ঠান্ডা হলে, প্রিমিয়াম কমে।"

*This image is used from internet sources for reference only.

গ্রীকস সহজ ভাবে

গ্রীক	মানে	তুলনা
Delta	দাম নড়লে প্রভাব	ঢেউয়ে ভেসে ওঠা
Theta	সময়ের ক্ষয়	বালি ঘড়ির বালি
Vega	অনিশ্চয়তা	আবহাওয়া
Gamma	গতি পরিবর্তন	ঢেউয়ের গতি

রোহিতের চোখে ভয় মুছে গেল।
সে বলল, “তাহলে আমি সূত্র মুখস্থনা করলেও বোঝার চেষ্টা করতে পারি?”
আমি বললাম,
“হ্যাঁ, ট্রেডার সূত্রে নয়, অনুভূতিতে বাঁচে।”

শিক্ষা
গ্রীকস বোঝা মানে বাজারের মুড বোঝা।
তুমি গাণিতিক হতে পারো, কিন্তু শান্ত না হলে হারবে।

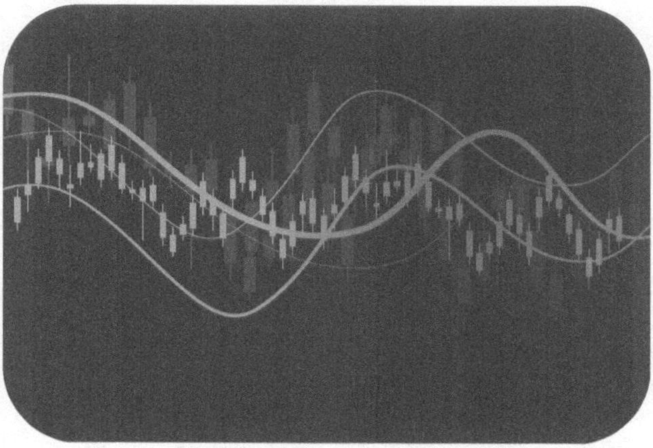

“গ্রীকস শেখায় না কিভাবে জিতবে,
শেখায় কোথায় শান্ত থাকবে।”

— ভোলানাথ দাস

অধ্যায় ১২

স্প্রেড, হেজ ও ব্যর্থতার গল্প

রাত তখন ১০টা।
ফোনে আমার ছাত্র জয় আতঙ্কিত গলায় বলল,
"স্যার, আমি সব হারিয়ে ফেলেছি। বাজার উল্টো ঘুরে গেছে।"

আমি জিজ্ঞেস করলাম,
"তুমি কি হেজ করেছিলে?"
সে বলল, "না, স্যার। আমি ভাবছিলাম, এবার আর ভুলহবে না।"

আমি চুপচাপ বললাম,
"বাজার ভুলকে ক্ষমা করে, কিন্তু অহংকারকে নয়।"

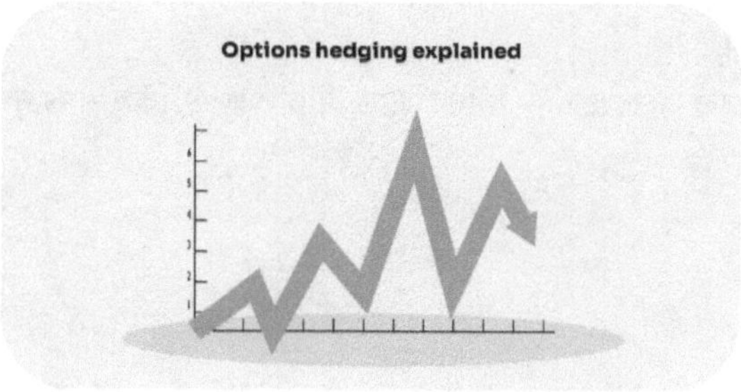

হেজ মানে কী?

আমি জয়কে জিজ্ঞেস করলাম,
"তুমি বাড়িতে ত্রিপল দাও না বৃষ্টিরআগে?"
সে বলল, "দিই।"
"তাহলে বাজারেও ছাদ দাও না কেন?"

হেজ মানে ছাদ —
তুমি ক্ষতি রুখতে পারবে না, কিন্তু কমাতে পারবে।

বাস্তব উদাহরণ — বুল কল স্প্রেড

নিফটি ২২,০০০।
জয় ২২,২০০ কলকিনল ₹১০০ দামে।
একই সঙ্গে ২২,৪০০ কলবিক্রি করল ₹৫০ দামে।
মোট খরচ ₹৫০।

দামযদি ২২,৪০০ ছাড়ায়, লাভ ₹১৫০।
দাম না বাড়লে ক্ষতি সর্বোচ্চ ₹৫০।

আমি বললাম,
"এটা হলো বুল কলস্প্রেড — সীমিত লাভ, সীমিত ক্ষতি, কিন্তু শান্ত ঘুম।"

"অপশন ট্রেডিং জিততে শেখায় না,
টিকে থাকতে শেখায়।"

— ভোলানাথ দাস

ইলাস্ট্রেশন

```
লাভ ↑
|       ________
|      /
| _________/____________ দাম →
   ↑
BREAK-EVEN
```

জয় হাসল, বলল,
"স্যার, মনে হচ্ছে বাজারকে ভয় করা নয়, বোঝা শিখেছি।"

আমি উত্তর দিলাম,
"বাজারের ভয় কমে যখন তুমি জানো, ক্ষতি কতদূর যেতে পারে।"

শিক্ষা
হেজ মানে বুদ্ধি, স্প্রেড মানে ভারসাম্য।
সফল ট্রেডার লাভের নয়, টিকে থাকার খেলোয়াড়।

"অপশন ট্রেডিং জিততে শেখায় না,
টিকে থাকতে শেখায়।"

— ভোলানাথ দাস

অধ্যায় ১৩

কাভার্ড কল — শেয়ারের উপর আয়

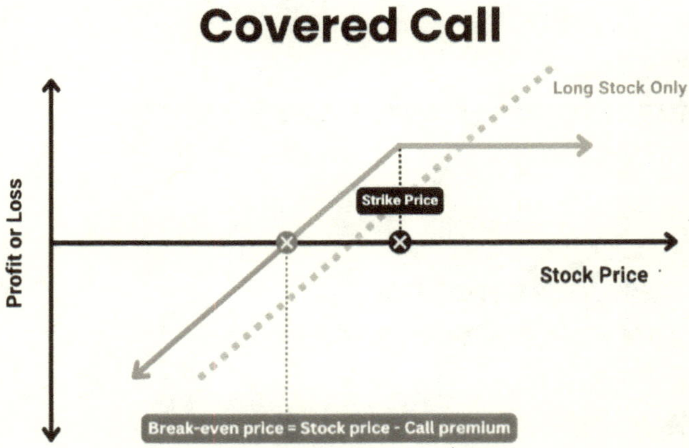

*This image is used from internet sources for reference only.

আমার এক পরিচিত বিনিয়োগকারী, রমেশ, সবসময় বলত,
“স্যার, আমি শুধু শেয়ার রাখি, কিছু বিক্রি করিনা।”

আমি বললাম,
“তাহলে শেয়ার তোমার ঘরে বসে আছে, কাজ করছে না।
ওকে কাজ দাও — অপশন মার্কেটে।”

সে অবাক।
আমি বললাম,
“তুমি টিসিএস ১০০ শেয়ার রেখেছো ₹৪,০০০ দামে।
তুমি ৪,২০০ কল বিক্রি করো ₹৮০ প্রিমিয়ামে।

যদিদাম না বাড়ে, তুমি ₹৮,০০০ আয় করবে।
যদি বাড়েও, তুমি লাভে শেয়ারবিক্রি করবে।”

রমেশবিস্মিত, “মানে শেয়ার রেখেইআয়!”
আমি বললাম,
“এই হলো কাভার্ড কল — শান্ত বিনিয়োগকারীর প্রফেশনাল আয়।”

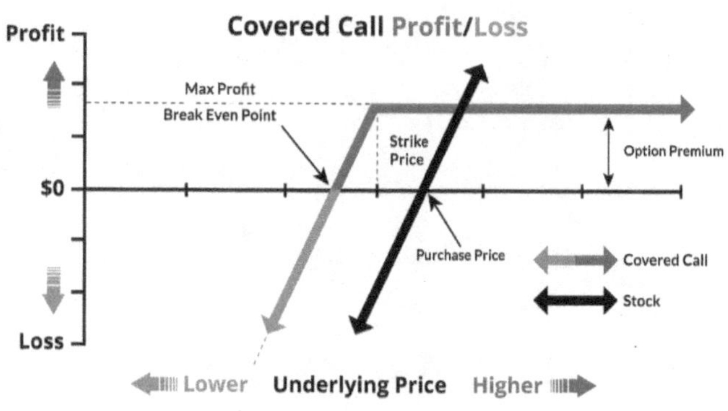

অধ্যায় ১৪

প্রটেক্টিভ পুট — বীমার দর্শন

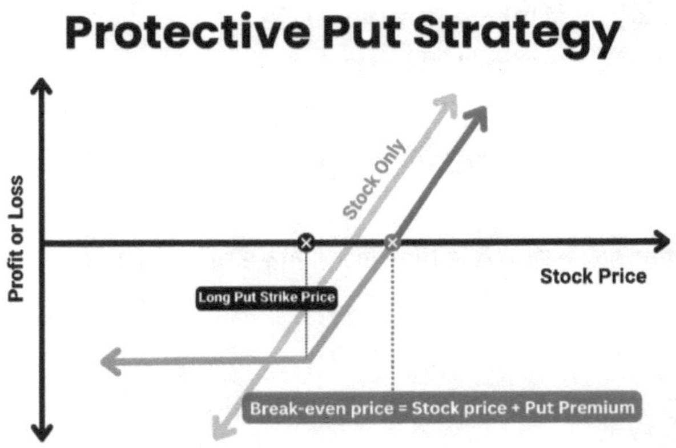

*This image is used from internet sources for reference only.

এক ছাত্র, তন্ময়, ভয় পেত দাম কমলে।
আমি বললাম,
"তুমি যেমন জীবনে ইনস্যুরেন্সরাখো, তেমনি বাজারেও রাখো।"

সে ইনফোসিসে ₹১৫০০ তে ১০০শেয়ার রেখেছিল।
আমি বললাম,
"১৪৮০ পুট কিনে রাখো ₹২০-এ।"

দামপড়ে ১৪৬০ হলো।
পুটে সে লাভ করল ₹২০, শেয়ারের ক্ষতি কভার হয়ে গেল।
তন্ময় হেসে বলল,
"স্যার, এবার মনে শান্তি।"

আমিবললাম,
"বাজারে শান্তি কেনা যায় না,
কিন্তু হেজ করলে সেটাজন্মায়।"

অধ্যায় ১৫

আয়রন কন্ডর — নীরব বাজারে লাভ

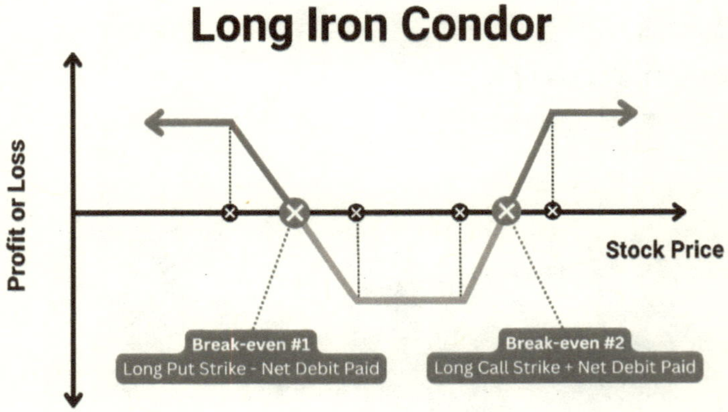

*This image is used from internet sources for reference only.

অধ্যায় ১৫

আয়রন কন্ডর — নীরব বাজারে লাভ

*This image is used from internet sources for reference only.

এক শিক্ষার্থী বলল, “স্যার, বাজার একদম স্থির, ট্রেডনেব কীভাবে?”
আমি বললাম,
“যখন নদী শান্ত, তখন মাঝ পথে নাও ভাসাও।”
আমি বোর্ডে আঁকলাম —

```
লাভ ↑
|        ________
|       /
| __________/____________ দাম →
    ↑
BREAK-EVEN
```

নিফটি২২,০০০ এ।
২১,০০০ পুট বিক্রি, ২৩,০০০ কল বিক্রি,
আর দূরের দুটি কিনে রাখো সেফটির জন্য।
বাজার যদি মাঝের পরিসরে থাকে, তুমি দুই দিকের প্রিমিয়াম রাখবে।

আমি বললাম,
“এটাই আয়রন কন্ডর —
বাজার না নড়লেও আয়সম্ভব।”

অধ্যায় ১৬

ক্যালেন্ডার স্প্রেড — সময় থেকে আয়

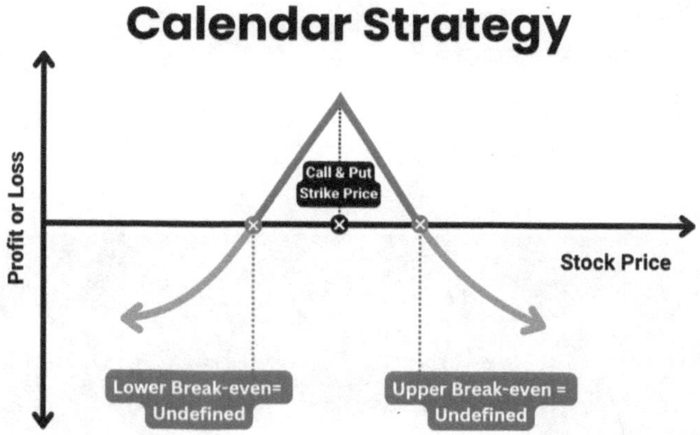

*This image is used from internet sources for reference only.

অপশন মার্কেটে সময়ই টাকা।
একদিন আমি বললাম,
"তুমি এক মাসের অপশন বিক্রি করে দীর্ঘ মেয়াদি কিনে রাখো।"

ছাত্রঅবাক, "স্যার, তাতে লাভ কী?"
আমি বললাম,
"স্বল্পমেয়াদি অপশন দ্রুত গলেযায়,
দীর্ঘ মেয়াদি ধীরে গলে।
এই পার্থক্যটাই তোমার আয়।"

নিফটি২২,০০০ কল আগস্টে ₹১৪০, জুলাইতে ₹১০০।
জুলাই বিক্রি, আগস্ট কিনে রাখলে,
সময় গেলে জুলাই শূন্যেনামবে,
তুমি ₹৪০ লাভ পাবে।

অধ্যায় ১৭

ইমোশনাল হেজ — মন নিয়ন্ত্রণের কৌশল

অপশন ট্রেডিং-এ সবচেয়ে বড় হেজ হচ্ছে শান্ত মন।
কখনও বাজারে হঠাৎ ভয় লাগে।
আমি বলি,
"একটা ছোট বিপরীত পজিশন রাখো — এটা তোমার মানসিক হেলমেট।"
যেমন তুমি বাই পজিশনে আছো,
একটি ছোট পুট ধরে রাখলে তুমি জানবে —
"আমি সম্পূর্ণ অরক্ষিত নই।"

এই বিশ্বাসই মনকে স্থির রাখে।
বাজারে যারা মানসিক হেজরাখে,
তারা আতঙ্কে নয়, বিশ্লেষণে বাঁচে।

*This image is used from internet sources for reference only.

পর্ব ৪: উপসংহার

অপশন ট্রেডিং হল সময়, ভয়ও সম্ভাবনার মধ্যে সূক্ষ্ম ভারসাম্য।
এখানে এক দিনে লাভ, এক সপ্তাহে ক্ষতি, আর এক জীবনে শিক্ষা পাওয়া যায়।

*This image is used from internet sources for reference only.

"অপশন ট্রেডার জানে —
সুযোগ সবসময় আসে না,
কিন্তু প্রস্তুত থাকলে একবারই যথেষ্ট।"

— ভোলানাথ দাস

পর্ব ৪: সারসংক্ষেপ:

স্ট্র্যাটেজি	লক্ষ্য	ঝুঁকি	শিক্ষা
কাভার্ড কল	শেয়ার থেকে আয়	সীমিত	স্থিরতা
প্রটেক্টিভ পুট	শেয়ার সুরক্ষা	সীমিত	আত্মবিশ্বাস
বুল কল স্প্রেড	মৃদু বৃদ্ধি	নির্ধারিত	ধৈর্য
আয়রন কন্ডর	স্থির বাজারে লাভ	সীমিত	শান্তি
ক্যালেন্ডার স্প্রেড	সময় থেকে আয়	সীমিত	পরিকল্পনা
ইমোশনাল হেজ	মানসিক নিয়ন্ত্রণ	ন্যূনতম	প্রশান্তি

mirror_mod.use_z = False
elif _operation == "MIRROR_Y":
mirror_mod.use_x = False
mirror_mod.use_y = True
mirror_mod.use_z = False
elif _operation == "MIRROR_Z":
mirror_mod.use_x = False
mirror_mod.use_y = False
mirror_mod.use_z = True
modifier_ob.select=1
bpy.context.scene.objects.active = modifier_ob

1138,24
1267,21 0,08

পর্ব ৫: পথ ও উপলব্ধি

বাজার থেকে জীবনের পাঠ

অধ্যায় ১৩

মন ও মানচিত্র

অধ্যায় ১৩

মন ওমানচিত্র

প্রতিদিন সকালে যখন চার্ট খুলে বসি,
স্ক্রিনে রঙ বদলায়, দাম ওঠে-নামে।
কিন্তু ভেতরে আরেকটা দাম ওঠে-নামে —
আমার মনের।

একদিন বুঝলাম, বাজারে জেতার জন্য
চার্ট বোঝা নয়, নিজের মানচিত্র বোঝা জরুরি।

আমাদের প্রত্যেকের ভেতরে একটা মানচিত্র আছে —
ভয়, লোভ, আশা, ধৈর্য, ও স্মৃতির পথঘাটে ভরা।
এই মানচিত্রটাই ঠিক করে দেয়,
আমরা কোথায় থামব, কোথায় ঝাঁপ দেব, কোথায় পিছিয়ে যাব।

আমি একবার এক ছাত্রকে বলেছিলাম,
"তুমি যত ট্রেড করো না কেন, যদি নিজের ভিতরটা না চেনো,
বাজারে দীর্ঘদিন টিকতে পারবে না।"

বাজার মনকে পরীক্ষা করে —
যেদিন তাড়াহুড়ো করো, সে তোমাকে ধৈর্য শেখায়।
যেদিন অহংকার করো, সে তোমাকে বিনয় শেখায়।
যেদিন ভয়ে পালাও, সে তোমাকে স্থিরতা শেখায়।

এই শেখাগুলো টাকা দিয়ে কেনা যায় না।
এগুলো আসে সময়ের সঙ্গে, ভুলের মধ্য দিয়ে।

বাজারের মানচিত্র কখনও সম্পূর্ণ হয় না,
যেমন জীবনের মানচিত্রও নয়।
কিন্তু প্রতিদিন আমরা তাতে নতুন রেখা আঁকি —
অভিজ্ঞতার কালি দিয়ে।

সারাংশ

- ট্রেডিংয়ের আসল মানচিত্র ভিতরে।
- বাজারের ভুলই শেখায় ধৈর্য ও স্থিরতা।
- সফলতা মানে নিজের মন বোঝা, বাজার নয়।

"চার্টের বাইরে একটা মানচিত্র আছে,
সেটাই ট্রেডারের মন।"

— ভোলানাথ দাস

অধ্যায় ১৪

কেন কিছু মানুষ সফল হয়

একই বাজারে কেউ সফল, কেউ ব্যর্থ।
কেন?
সবাই তো একই দাম, একই চার্ট, একই খবর দেখে।
সেদিন আমি ভাবছিলাম — পার্থক্যটা কোথায়?
পার্থক্য কৌশলে নয়, **মানসিকতায়।**

যে মানুষ ভুলকে ভয় পায় না, সে এগোয়।
যে হারকে মেনে নেয়, সে শেখে।
যে ধৈর্য ধরে, সে জয় করে।

বাজারে প্রতিদিন দেখা যায় —
একজন ছোট বিনিয়োগকারী বছর পর দাঁড়িয়ে যায় পাহাড়ের মতো,
আর কেউ কেউ বড় পুঁজিতেও টিকতে পারে না।
কারণ প্রথমজন শিখেছে সময়ের সঙ্গে লড়াই করতে,
দ্বিতীয়জন শিখেছে তাড়াহুড়ো করতে।

আমি সবসময় আমার ছাত্রদের বলি —
"তুমি যত টাকা উপার্জন করো,
তার চেয়েও বড় শিক্ষা হল মন হারাও না।"
কারণ টাকা হারিয়ে ফেরত পাওয়া যায়,
কিন্তু মন ভেঙে গেলে ফিরে পাওয়া যায় না।

সফল মানুষরা জানে—
তাদের সবচেয়ে বড় জেতা বাজারে নয়,
নিজের ভেতরের ভয়কে জয় করা।

সারাংশ

- সফলতা টেকনিক নয়, মানসিক ভারসাম্য।
- ক্ষতি শেখার সুযোগ, পরাজয় নয়।
- জয় মানে ভয়কে নিয়ন্ত্রণ করা।

"বাজারে লাভনয়, মানসিকস্থিতিইআসলসম্পদ।"

— ভোলানাথ দাস

অধ্যায় ১৫

স্বাধীনতার পথ

বাজারে বছর কেটে গেল।
অনেক লাভ, অনেক ক্ষতি, অনেক অভিজ্ঞতা।
একদিন মনে হলো —
"আমি আসলে কী খুঁজছি?"

টাকা?
না, সেটা তো একসময় যথেষ্ট হয়।
তাহলে?

আমি খুঁজছিলাম স্বাধীনতা।

বাজার এক অদ্ভুত জায়গা —
এখানে কেউ তোমাকে বাধ্য করে না।
তুমি নিজেই নিজের শিক্ষক, ছাত্র, ও পরীক্ষক।
তুমি যত নিজের উপর নিয়ন্ত্রণ রাখবে,
ততই মুক্ত হবে।

"বাজারে লাভনয়, মানসিক স্থিতিই আসল সম্পদ।"

— ভোলানাথ দাস

একজন প্রকৃত ট্রেডার কখনও শুধু লাভের জন্য ট্রেড করে না।
সে ট্রেড করে বোঝার জন্য —
সময়কে, নিজেকে, আর বিশ্বকে।

বাজারে ধৈর্য রাখলে, জীবনের অন্য জায়গাতেও ধৈর্য আসে।
বাজারে নম্র হলে, জীবনে অহং কমে।
এইভাবে বাজার আমাদের ভিতর থেকে পাল্টে দেয়।

শেষ পর্যন্ত বুঝেছি —
বাজার মানে আয় নয়, উপলব্ধি।
যে এই উপলব্ধি পায়, সে কখনও হারায় না।

সারাংশ

- ট্রেডিং মানে আত্ম-উপলব্ধির পথ।
- টাকা নয়, স্বাধীনতাই চূড়ান্ত লক্ষ্য।
- বাজার শেখায় জীবন, যদি শিখতে চাও।

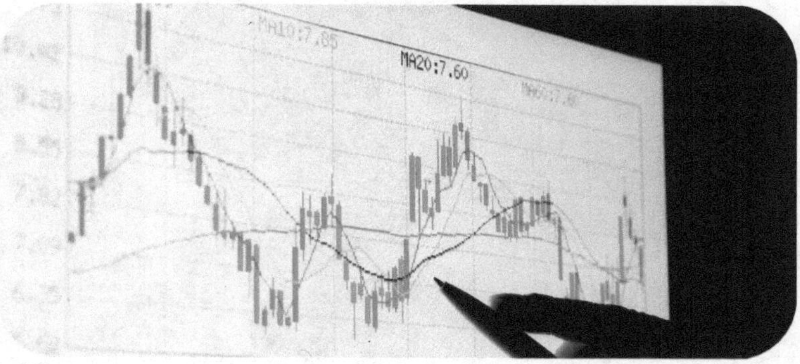

*This image is used from internet sources for reference only.

"বাজারে ট্রেড করা মানে নয়,
নিজের সঙ্গে শান্তিতে থাকা।"

— ভোলানাথ দাস

পর্ব ৫: এর উপসংহার:

**"শেষে বুঝলাম, বাজার আমার আয়না নয় —
ও আমার শিক্ষক।"**

"অপশন ট্রেডার জানে —
সুযোগ সবসময় আসে না,
কিন্তু প্রস্তুত থাকলে একবারই যথেষ্ট।"

— ভোলানাথ দাস

পর্ব ৬: নীরব শিক্ষা গুলো

যা বই শেখাতে পারেনা, সময় শেখায়

যা বই শেখাতে পারেনা, সময় শেখায়

অধ্যায় ১৬

ক্ষতি – এক নির্মম শিক্ষক

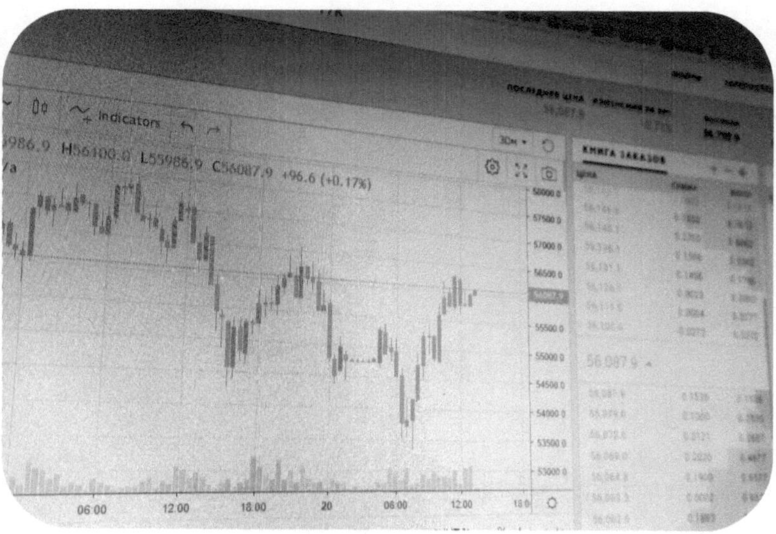

একদিনের ক্ষতি তোমাকে কাঁদায়,
কিন্তু হাজার দিনের জ্ঞান দেয়।
বাজারে হার মানে শিক্ষা।
যেদিন আমি বড় ক্ষতি করেছিলাম,
সেদিনই প্রথম শান্তি খুঁজেছিলাম নিজের ভেতরে।
বুঝেছিলাম —
"ক্ষতি মানে কিছু হারানো নয়,
বরং অতিরিক্ত কিছু শেখা।"

বাজার শেখায় নম্রতা।
যেদিন তুমি ভাবো তুমি সব জানো,
সেদিনই সে তোমাকে চুপ করায়।

ক্ষতি হল সেই থাপ্পড়,
যা অহংকার ভাঙে, মনকে স্থির করে।

সারাংশ

- ক্ষতি মানে শিক্ষা।
- বাজার অহংকার সহ্য করে না।
- শান্তি আসে গ্রহণে, প্রতিশোধে নয়।

"ক্ষতি মেনে নেওয়া মানে হার নয়,
পরিণতি।"

— ভোলানাথ দাস

অধ্যায় ১৭

নীরবতা — ট্রেডারের সঙ্গী

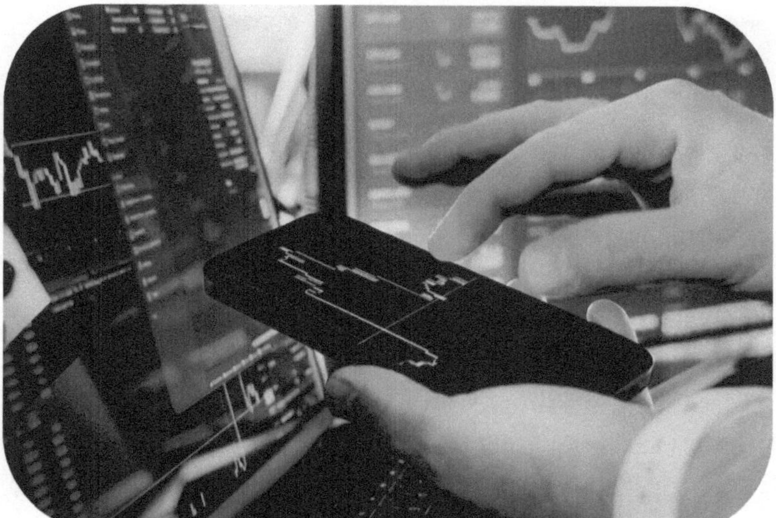

বাজার যতই কোলাহলময়,
সফল ট্রেডার ততই নীরব।

আমি সবসময় দেখি,
নতুন ট্রেডাররা শব্দ খোঁজে —
"কোথায় সিগন্যাল?"
"কোন নিউজ?"
"কোন ইনফ্লুয়েন্সার কী বলল?"

কিন্তু পুরনো ট্রেডাররা খোঁজে নীরবতা।
কারণ নীরব মনই শুনতে পায় বাজারের সূক্ষ্ম সুর।

আমি শিখেছি,
সবচেয়ে বড় সিদ্ধান্ত আসে নীরবতার পর।
বাজার যখন থমকে থাকে,
সেই সময়েই সুযোগ জন্ম নেয়।

যে ট্রেডার চুপ করে অপেক্ষা করতে পারে,
সে বাজারের ভাষা জানে।

সারাংশ

- নীরবতা ট্রেডারের সবচেয়ে বড় শক্তি।
- সুযোগ আসে অপেক্ষার পর।
- চুপ করে থাকা মানে স্থির থাকা।

"বাজারের শব্দ নয়,
নীরবতাই দেয় আসল Tসংকেত।"

— ভোলানাথ দাস

পর্ব ৭: শেষকথা — মানুষের গল্প

একদিন একজন ছাত্র জিজ্ঞেস করল,
"স্যার, আপনি এত বছর পর কী শিখলেন?"
আমি হেসে বললাম,
"বাজার মানে টাকা নয়, সময়ের সঙ্গে বন্ধুত্ব।"

আমি একসময় ভাবতাম ট্রেডিং মানে স্বাধীনতা।
এখন জানি, ট্রেডিং মানে **দায়িত্ব।**
নিজের সিদ্ধান্তের দায়িত্ব, নিজের ভুলের দায়িত্ব, নিজের শান্তির দায়িত্ব।
এই দায়িত্বই মানুষকে পরিণত করে।
যে মানুষ নিজের ভুল মেনে নিতে পারে,
সে-ই ট্রেডার, সে-ই মানুষ।

শেষ পর্যন্ত আমি বুঝেছি —
বাজার এক বিশাল শ্রেণিকক্ষ,
যেখানে প্রতিদিন নতুন পাঠ, নতুন পরীক্ষা, নতুন উপলব্ধি।
কেউ পাশ করে, কেউ বারবার ফিরে আসে।
কিন্তু যিনি মন দিয়ে শেখেন,
তিনি কখনও ফেল করেন না।

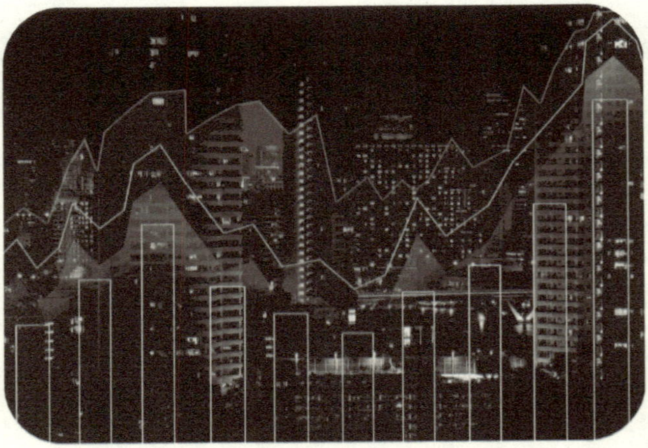

শেষ উক্তি:

"বাজার থেকে যে শিক্ষা পেয়েছি,
সেটা চার্টে নয়,
জীবনে কাজে লাগিয়েছি।"
— ভোলানাথ দাস

তিনি চার্টে মানুষ খুঁজেছেন,
আর মানুষের ভেতর খুঁজেছেন বাজার।

এই বই সেই অভিজ্ঞতার গল্প —
যা শেয়ার বাজার শেখায়, কিন্তু কেউ বলে না।

"বাজার আমার পেশা নয়,
আমার দর্শন।"

— ভোলানাথ দাস

BALRO (Daily) 330.16
MA(50) 330.22
MA(200) 394.69

পর্ব ৮: প্রযুক্তির সুর – দক্ষতার নতুন দিগন্ত

যেখানে প্রযুক্তি ও মন এক সুরে বাজে

ভূমিকা

বাজারে যিনি শুধু মন বোঝেন, তিনি অর্ধেক ট্রেডার।
আর যিনি শুধু চার্ট বোঝেন, তিনিও অর্ধেক।
কিন্তু যিনি দু'টো মিলিয়ে দেখতে পারেন —
তিনি একজন পূর্ণ ট্রেডার।

এই পর্বে আমরা সেই "দক্ষতা" শিখব,
যা মন ও প্রযুক্তিকে একসাথে কাজ করায় —
কোনো জটিল সূত্র নয়, বরং **সহজ কিন্তু গভীর পর্যবেক্ষণ ক্ষমতা।**

"বাজার আমার পেশা নয়,
আমার দর্শন।"

— ভোলানাথ দাস

অধ্যায় ১৮

দামের সুর — প্রবাহ শোনা

আমি এক ছাত্রকে বলেছিলাম,
"তুমি চার্ট দেখো না, তার তালের শব্দ শোনো।"
সে অবাক হয়ে বলল, "বাজারের আবার শব্দ হয় নাকি?"

আমি বললাম,
"যখন দাম বারবার একটা সীমায় ফিরে আসে,
তখন বাজার যেন কিছু বলছে —
'এটাই আমার স্বস্তির জায়গা।'"

এই জায়গাটাই MEAN LEVEL —
যেখানে দাম ও মন দুইয়ে মিলে সামঞ্জস্য খোঁজে।

উদাহরণ
নিফটি ২২,০০০ থেকে বারবার ২২,২০০ তে গিয়ে ফিরে আসছে।
এটা বাজারের "সংগীতের উঁচু নোট" —
যখন দাম বারবার সেই নোটে ছোঁয়,
তখন বোঝা যায়, বাজারে অতিরিক্ত উত্তেজনা আছে।

```
দাম ↑
|        /\   /\/\
|       /\  / \/ \
| ___________/____\__/____\__/____\____ দাম →
     ↑
  পুনরাবৃত্ত স্তর (MEAN ZONE)
```

শিক্ষা

- দামের পুনরাবৃত্তি মানে বাজারের আবেগীয় সীমা।
- প্রত্যেক দামে একটা অনুভূতি থাকে — ভয়, আশাবাদ, ক্লান্তি।
- সঠিক শ্রোতা সেই ট্রেডার, যে দাম নয়, মন বোঝে।

অধ্যায় ১৯

গতি ও বিরতি — MOMENTUM RHYTHM

বাজারের গতি যেমন গুরুত্বপূর্ণ, তেমনি তার থামাও মূল্যবান।
যে থামাকে ভয় পায়, সে বাজারের "শ্বাস" বোঝে না।

উদাহরণ

ব্যাংকনিফটি তিন দিনে ২০০০ পয়েন্ট উঠল,
চতুর্থ দিনে থেমে গেল, মাত্র ১০০ পয়েন্টের ভেতর ঘুরছে।
এই থামা দুর্বলতা নয়, এটি বিশ্রাম —
একটি বড় দৌড়ের পরের শ্বাস।

```
দাম ↑
|       ↑ ↑ ↑ ↑ ↑ ↑ ↑ ↑
|        ↓ ↓
|       ---- (বিরতি)
|         ↑ ↑ ↑ ↑ ↑ ↑ ↑
| ______________________________ দাম →
```

শিক্ষা

- বিরতি মানে দুর্বলতা নয়, প্রস্তুতি।

- MOMENTUM বোঝা মানে থামা চিনতে শেখা।

অধ্যায় ২০

ভলিউমের ছায়া — জনতার গোপন ভাষা

ভলিউম মানে জনতার কণ্ঠস্বর।
যেদিন দাম বাড়ে কিন্তু ভলিউম বাড়ে না, সেদিন বিশ্বাস কম।
যেদিন দাম স্থির কিন্তু ভলিউম বাড়ে, সেদিন ভিতরে শক্তি জমছে।

উদাহরণ

রিলায়েন্সে একদিন দাম ২% বেড়েছে, কিন্তু ভলিউম কম।
অন্যদিন দাম সামান্য নড়েছে, কিন্তু ভলিউম তিনগুণ —
সেদিনই প্রকৃত ট্রেন্ড শুরু হয়েছে।

শিক্ষা

- ভলিউম হল বিশ্বাসের পরিমাপ।
- দাম বলে, ভলিউম প্রমাণ দেয়।

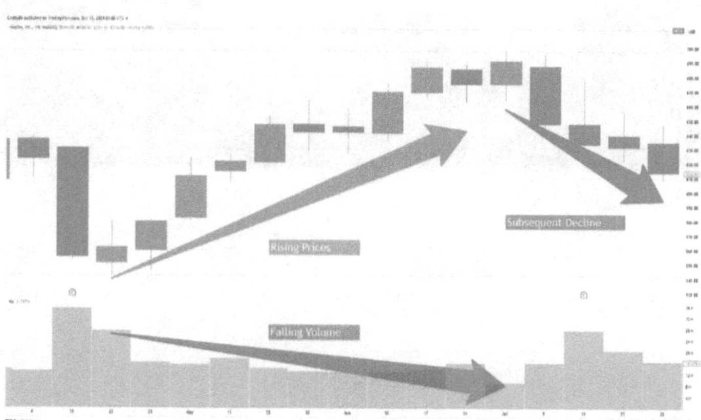

অধ্যায় ২১

সময় ফ্রেমের মিলন — HARMONY OF TIME

একজন ছাত্র বলল, "স্যার, আমি ৫ মিনিট চার্টে ট্রেড করি, ক্ষতি হয়।"
আমি বললাম, "তুমি নদীর ঢেউ দেখছো, কিন্তু স্রোত দেখছো না।"

বাজার বোঝার জন্য ছোট ও বড় সময়ফ্রেম একসাথে দেখতে হয়।

ছোট চার্ট: ↑ ↓ ↑ ↓ ↑
বড় চার্ট: ↗ ↗ ↗ ↗ ↗

শিক্ষা

- ছোট সময় বুঝতে হলে বড় সময়ের দিক জানা জরুরি।
- সময়ের সামঞ্জস্য মানেই স্থির মন।

অধ্যায় ২২

সম্ভাবনার প্যাটার্ন — HUMAN BEHAVIOUR

প্যাটার্ন মানে মানুষের চিন্তার পুনরাবৃত্তি।
মানুষ যখন আশাবাদী, দাম বাড়ে।
ক্লান্ত হলে দাম থামে।
ভয় পেলে দাম পড়ে।

বাজারে “হেড অ্যান্ড শোল্ডার” নেই —
আছে মানুষের আত্মবিশ্বাস, ভয় ও ক্লান্তির ছবি।

শিক্ষা

- প্যাটার্ন মানে চিন্তার রূপ।

- চার্টে যা দেখা যায়, সেটা মানুষের গল্প।

অধ্যায় ২৩

প্রযুক্তি ও মানবতা — ভবিষ্যতের সেতু

আজ AI চার্ট আঁকে, রোবট অর্ডার দেয়,
তবুও শেষ সিদ্ধান্ত মানুষের।
যন্ত্র অনুভব করে না, মানুষ করে।
যে ট্রেডার প্রযুক্তি ব্যবহার করে কিন্তু অনুভূতি হারায় না,
সে-ই ভবিষ্যতের ট্রেডার।

শিক্ষা

- প্রযুক্তি হাতিয়ার, মন চালক।
- মানুষের অন্তর্দৃষ্টি প্রযুক্তির পরিপূরক।

অধ্যায় ২৪

প্রযুক্তির নির্ভুল ছন্দ — তিন সেরা প্যাটার্ন

ভূমিকা

এখানে আমরা দেখব তিনটি উচ্চ - accuracy pattern —

- Ascending Triangle
- Descending Triangle
- Pole & Flag

এগুলো বাজারের সবচেয়ে বাস্তব ও নির্ভুল ছন্দ,
যেখানে ধারাবাহিকতা ও স্থিরতা প্রধান।

Ascending Triangle – ধৈর্যের সিঁড়ি

প্রতিবার দাম একই resistance-এ আটকে যাচ্ছে,
কিন্তু প্রতিবার low আগের থেকে উঁচু।

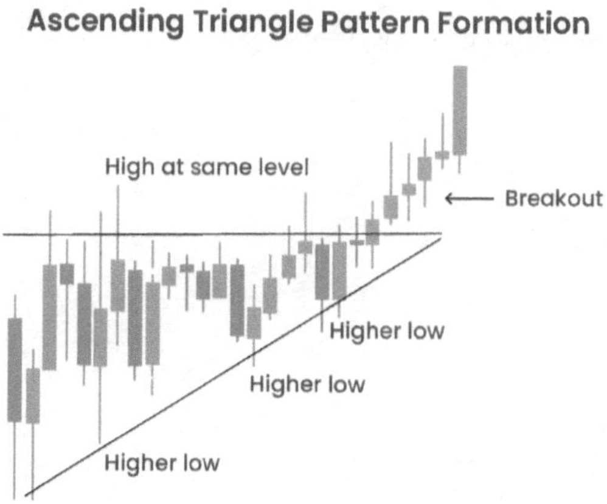

```
দাম ↑
 |
 |   ———————————————————————————— Resistance
 |     /
 |    /
 |   /
 | ______/__________________ দাম →
```

এর মানে ক্রেতারা ধীরে ধীরে চাপ বাড়াচ্ছে।
দাম নয়, বিশ্বাস বাড়ছে।

শিক্ষা:

- বাজারে ধৈর্যই শক্তি।
- প্রতিটি higher low মানে আত্মবিশ্বাস।

Descending Triangle – বিক্রেতার সংযম

এখানে দাম প্রতিবার support ধরে রাখছে,
কিন্তু প্রতিবার high আগের থেকে নিচে।

```
দাম ↑
 | \
 |  \
 |  \
 |   \
 | ____\_________ Support
 |
 |______________________________ দাম →
```

বিক্রেতারা আতঙ্কে নয়, অভ্যাসে নিয়ন্ত্রণ নিচ্ছে।

শিক্ষা:

- Descending Triangle মানে শান্ত নিয়ন্ত্রণ।
- Panic নয়, সংযমই বাজারের প্রাপ্তবয়স্কতা।

Pole & Flag – শক্তি ও বিশ্রামের ছন্দ

একটি প্রবল গতির পর দাম ছোট রেঞ্জে ঘোরে।

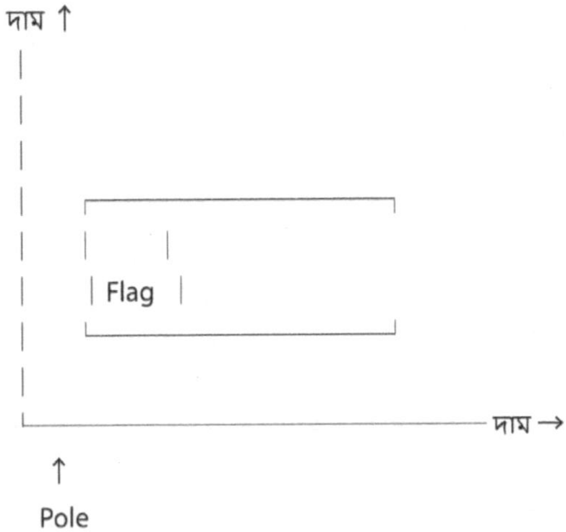

Flag মানে বিশ্রাম, দুর্বলতা নয়।
Pole মানে গতি, Flag মানে প্রস্তুতি।

শিক্ষা:

- বাজার থেমে থাকলে ভয় নয়, নজর রাখো।
- Flag যত সংকুচিত, পরের মুভ তত শক্তিশালী।

তুলনা মূলক দর্শন

প্যাটার্ন	মনস্তত্ত্ব	বার্তা
Ascending Triangle	ক্রেতার ধৈর্য	"আমি প্রস্তুত"
Descending Triangle	বিক্রেতার সংযম	"আমি স্থির"
Pole & Flag	শক্তি ও বিশ্রাম	"আমি আবার ফিরব"

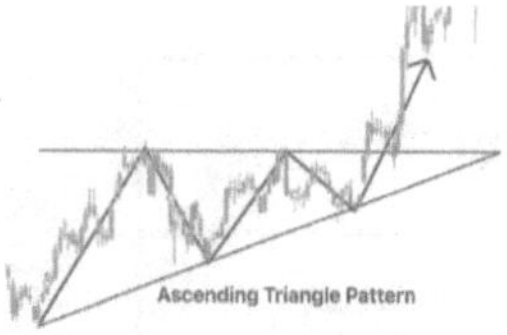

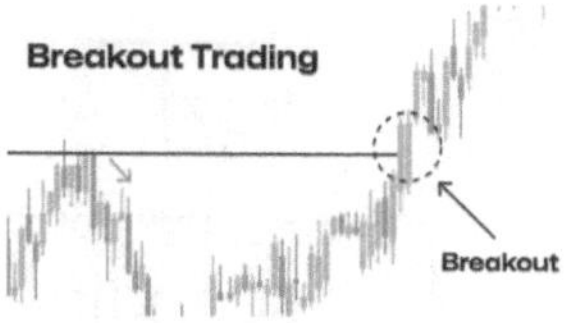

এই তিনটি প্যাটার্ন শেখায় —
চার্ট মানে রেখা নয়, মানুষের চিন্তার ছন্দ।
বাজারের প্রতিটি গতি মানে মানুষের আশা, ভয়, ও স্থিরতার গল্প।

"বাজারে প্রযুক্তির সাফল্য আসে
যখন রেখার ভেতরে মানুষকে দেখা যায়।"

— ভোলানাথ দাস

পর্ব ৮: সারাংশ

দক্ষতা	অর্থ	মানসিক
দামের সুর	পুনরাবৃত্ত	মনোযোগ
Momentum	গতি ও	ধৈর্য
Volume	জনতার বিশ্বাস	পর্যবেক্ষণ
Timeframe	সময়ের	সামঞ্জস্য
Human	আচরণের	অন্তর্দৃষ্টি
Tech &	প্রযুক্তি ও মন	আত্মজ্ঞান
Ascending	ধৈর্যের ছন্দ	স্থিরতা
Descending	সংযমের ছন্দ	পরিণতি
Pole & Flag	শক্তির বিশ্রাম	প্রস্তুতি

"বাজারের প্যাটার্ন বোঝা মানে চার্ট পড়া নয়,
মানুষের ছন্দ পড়া।"

— ভোলানাথ দাস

বইয়ের শেষকথা

এই বই কোনও ট্রেডিং কোর্স নয়।
এ বই এক মানুষের আত্মযাত্রা —
যিনি শিক্ষক থেকে গবেষক, গবেষক থেকে ট্রেডার,
আর শেষে এক **মননশীল দর্শক।**

$0.00

পর্ব ৯: INDEX এর আড়ালের সত্য”

INDEX কী? (বাস্তব সত্য)

একজন নতুন ট্রেডার সকালে চার্ট খুলে দেখে Nifty সবুজ। সে ভাবে—আজ মার্কেট ভালো, তাই কিনে ফেলি। কিন্তু দুপুরের মধ্যে সে লস খেয়ে বসে। কারণ সে শুধু Index দেখেছে, কিন্তু মার্কেটের ভেতরের পরিবেশ (environment) বোঝেনি।

Index আসলে শুধু ফলাফল (result), কিন্তু environment হলো কারণ (cause)। তুমি যদি শুধু ফলাফল দেখে সিদ্ধান্ত নাও, তাহলে তুমি দেরিতে সিদ্ধান্ত নিচ্ছো। মার্কেট কেন উঠছে বা নামছে সেটা বোঝা অনেক বেশি গুরুত্বপূর্ণ।

ধরো তুমি পরীক্ষার রেজাল্ট দেখছো। রেজাল্ট বলছে তুমি ফেল করেছো, কিন্তু কারণটা কী? তুমি পড়োনি। ঠিক তেমনি, Index দেখলে তুমি শুধু ফলাফল দেখছো, কিন্তু কারণ বুঝছো না।

নিয়ম:
“Index দেখো না, বুঝো Index কেন এমন হয়েছে।”

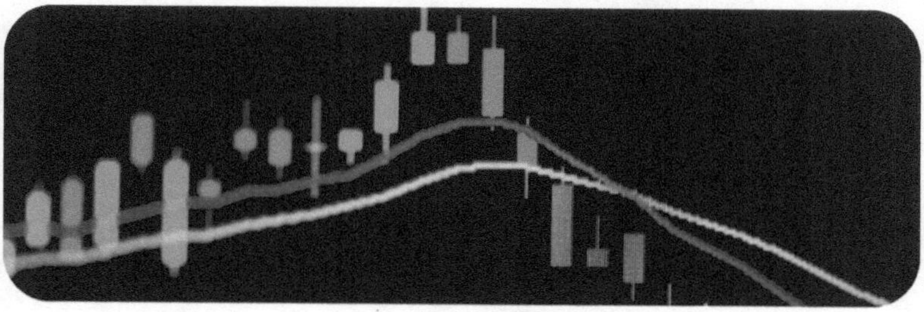

অধ্যায় ২

WEIGHTAGE (ওজনের প্রভাব)

সব স্টক এক রকম না। কিছু বড় কোম্পানি যেমন Reliance, HDFC, ICICI—এদের ওজন Index-এ বেশি। তাই এরা বেশি প্রভাব ফেলে।

ধরো Reliance +4% উঠলো, কিন্তু ১০টা ছোট স্টক -2% নামলো। তখন Index সবুজ দেখাবে, কিন্তু আসলে মার্কেট দুর্বল। অর্থাৎ Index সবসময় পুরো সত্য বলে না।

এটা এক ধরনের distortion তৈরি করে। কেউ ইচ্ছা করে manipulation না করলেও structure-এর কারণে ভুল ধারণা তৈরি হয়।

নিয়ম:
"Index পুরো সত্য না, এটা weighted truth।"

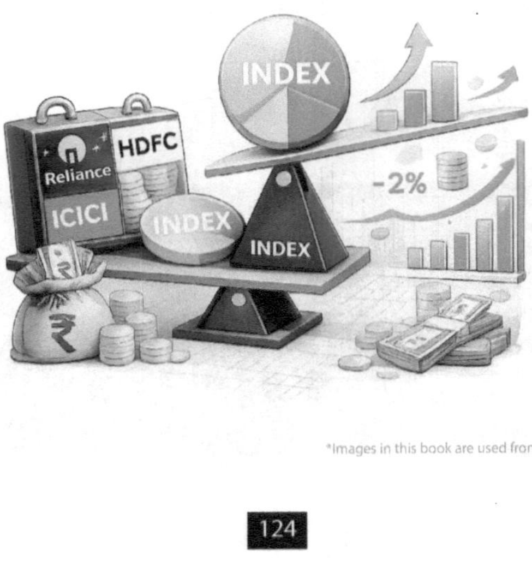

*Images in this book are used from internet sources for reference only.

অধ্যায় ৩

সূচক বনাম বাজার (Index vs Market)

Index মানে average, আর Market মানে participation। Index শুধু গড় দেখায়, কিন্তু কত স্টক অংশ নিচ্ছে সেটা বলে না।

ধরো ৫০টা স্টকের মধ্যে ৫টা খুব ভালো করছে, আর ৪৫টা খারাপ করছে। তখন Index ঠিকঠাক দেখাবে, কিন্তু মার্কেট দুর্বল।

এটা ক্লাসরুমের মতো—৫ জন topper থাকলেই পুরো ক্লাস ভালো হয় না। তাই Market বোঝার জন্য participation বোঝা জরুরি।

নিয়ম:
"Market বুঝতে হলে participation বুঝো।"

*Images in this book are used from internet sources for reference only.

সূচকের গতিবিধি (Index Movement)

প্রথম ধাপ Hidden Phase—এখানে smart money ধীরে ধীরে ঢোকে, কিন্তু price বেশি নড়ে না। দ্বিতীয় ধাপ Visible Phase—price বাড়তে শুরু করে, সবাই ঢুকতে থাকে।

তৃতীয় ধাপ Exhaustion Phase—শেষ মুহূর্তে সবাই ঢোকে, price দ্রুত বাড়ে, তারপর হঠাৎ উল্টো ঘুরে যায়।

এই তিনটা ধাপ বুঝতে পারলে তুমি বুঝতে পারবে মার্কেট কোথায় দাঁড়িয়ে আছে।

নিয়ম:
"যখন সবাই দেখে, তখন দেরি হয়ে যায়।"

*Images in this book are used from internet sources for reference only.

অধ্যায় ৫

প্রাতিষ্ঠানিক প্রবাহ (Institutional Flow)

Retail trader price দেখে সিদ্ধান্ত নেয়। কিন্তু বড় player (FII, institutions) flow দেখে।

Price অনেক সময় misleading হতে পারে, কিন্তু flow সাধারণত সত্যি বলে। যদি বড় player কিনছে, তাহলে মার্কেট support পায়।

তাই শুধু price দেখে trade করলে ভুল হতে পারে।

নিয়ম:
"Price নয়, Flow follow করো।"

*Images in this book are used from internet sources for reference only.

সেক্টর রোটেশন (Sector Rotation)

মার্কেট সবসময় এক রকম থাকে না। আজ IT sector strong, কাল Banking strong।

মানে মার্কেট একই থাকে, কিন্তু focus বদলায়। Smart money sector বদল করে।

তাই opportunity Index-এ নয়, sector-এ থাকে।

নিয়ম:

"Opportunity sector-এ থাকে, index-এ নয়।"

*Images in this book are used from internet sources for reference only.

অধ্যায় ৭

সূচক সারিবদ্ধকরণ (Index Alignment)

যদি Nifty এবং Bank Nifty একই direction-এ যায়, তাহলে trade করা safe।

কিন্তু যদি একটার movement অন্যটার সাথে না মেলে, তাহলে সেটা weak signal।
Alignment থাকলে confidence বাড়ে।

নিয়ম:
"Alignment না থাকলে confidence নেই।"

*Images in this book are used from internet sources for reference only.

অধ্যায় ৮

প্রশস্ততা (Breadth)

Breadth মানে কতগুলো স্টক movement করছে। এটা মার্কেটের ভেতরের শক্তি দেখায়।

ধরো Index +1%, কিন্তু ৭০% স্টক লাল। তাহলে মার্কেট আসলে দুর্বল।

Breadth না দেখলে তুমি ভুল ধারণা পেতে পারো।

নিয়ম:

"Breadth ignore করলে loss নিশ্চিত।"

*Images in this book are used from internet sources for reference only.

অধ্যায় ৯

সময়ের আচরণ (Time Behaviour)

Opening strong কিন্তু closing weak ------> distribution।

Opening weak কিন্তু closing strong ------> accumulation।

দিনের শেষ movement (closing) সবচেয়ে বেশি গুরুত্বপূর্ণ।

নিয়ম:
"Closing সত্য বলে।"

*Images in this book are used from internet sources for reference only.

অধ্যায় ১০

তারল্য (Liquidity)

Liquidity হলো মার্কেটের oxygen। Liquidity থাকলে move smooth হয়।

Low volume breakout সাধারণত false হয়।

তাই liquidity না থাকলে move বিশ্বাসযোগ্য না।

নিয়ম:
"Liquidity ছাড়া move বিশ্বাসযোগ্য না।"

*Images in this book are used from internet sources for reference only.

বোঝার শিল্প

চার্ট প্যাটার্ন — আচরণ (Chart Pattern — Behaviour)

Chart Pattern অনেকেই শুধু shape বা ডিজাইন হিসেবে দেখে—যেমন triangle, flag, breakout ইত্যাদি। কিন্তু আসল সত্য হলো, pattern শুধু কোনো আকৃতি নয়; এটি market-এর ভেতরের behaviour বা মনস্তত্ত্বকে প্রকাশ করে। যখন তুমি কোনো pattern দেখো, তখন আসলে তুমি price-এর পিছনে লুকিয়ে থাকা buyer এবং seller-এর লড়াই দেখছো।

অনেক নতুন ট্রেডার ভাবে—pattern মানেই future prediction। কিন্তু বাস্তবে pattern কখনো future বলে না। এটি শুধু একটা ইঙ্গিত দেয় যে market-এ কিছু তৈরি হচ্ছে। অর্থাৎ এখানে কোনো চাপ (pressure) তৈরি হচ্ছে, যা ভবিষ্যতে movement-এর কারণ হতে পারে। তাই pattern-কে prediction হিসেবে না দেখে expectation হিসেবে দেখা উচিত।

Market সবসময় demand এবং supply-এর উপর চলে। যখন buyer শক্তিশালী হয়, তখন price উপরে ওঠে; আর যখন seller শক্তিশালী হয়, তখন price নিচে নামে। Pattern এই শক্তির পরিবর্তনকে visually দেখায়। উদাহরণস্বরূপ, ascending triangle দেখায় buyer ধীরে ধীরে শক্তিশালী হচ্ছে, আর descending triangle দেখায় seller নিয়ন্ত্রণ নিচ্ছে।

বোঝার শিল্প

চার্ট প্যাটার্ন — আচরণ (Chart Pattern — Behaviour)

একটা গুরুত্বপূর্ণ বিষয় হলো—pattern দেখেই entry নেওয়া সবচেয়ে বড় ভুল। অনেকেই breakout দেখেই trade নেয়, কিন্তু বুঝতে পারে না সেটা real না fake। কারণ তারা শুধু shape দেখে, behaviour বোঝে না। Professional trader-রা আগে দেখে price কীভাবে react করছে—hold করছে কি না, rejection হচ্ছে কি না, volume কেমন।

ধরো, market একটা compression phase-এ আছে। বাইরে থেকে মনে হচ্ছে কিছুই হচ্ছে না, কিন্তু ভিতরে energy জমছে। এটা ঠিক ঝড়ের আগের শান্ত পরিবেশের মতো। এই সময় ধৈর্য ধরে অপেক্ষা করতে হয়। যখন breakout হবে, তখন তার strength দেখেই decision নিতে হয়।

আরেকটা powerful concept হলো failed move। যখন কোনো breakout fail করে এবং price উল্টো দিকে যায়, তখন সেটা সবচেয়ে বড় signal দেয়। কারণ এখানে অনেক trader trap হয়ে যায়। এই trap-ই smart money-র opportunity তৈরি করে। তাই failed breakout অনেক সময় normal breakout-এর থেকেও বেশি শক্তিশালী হয়।

Chart Pattern ব্যবহার করার সময় সবচেয়ে গুরুত্বপূর্ণ হলো context, behaviour এবং reaction বোঝা। শুধু pattern দেখে trade করলে consistency আসবে না। কিন্তু যদি তুমি pattern-এর পিছনের psychology বুঝতে পারো, তাহলে market-এর movement অনেক পরিষ্কার হয়ে যাবে।

অধ্যায় ১

Pattern কেন গুরুত্বপূর্ণ? (বাস্তব সত্য)

অনেক নতুন ট্রেডার ভাবে—Pattern মানেই breakout। কিন্তু আসল সত্যটা একদম আলাদা। Pattern আসলে future predict করে না, বরং market-এর ভিতরের চাপ (pressure) বোঝায়। যখন কোনো pattern তৈরি হয়, তখন বুঝতে হবে কিছু একটা build হচ্ছে।

Pattern মানে শুধু shape না, এটা একটা expectation। মানে market এখনো কিছু করছে না, কিন্তু কিছু ঘটার প্রস্তুতি নিচ্ছে। এই জায়গাটাই সবচেয়ে গুরুত্বপূর্ণ, কারণ এখানেই smart money কাজ করে।

ধরো তুমি একটা বেলুনে ধীরে ধীরে বাতাস ঢোকাচ্ছো। বাইরে থেকে কিছু বোঝা যাচ্ছে না, কিন্তু ভিতরে চাপ বাড়ছে। একসময় সেটা ফেটে যাবে। ঠিক তেমনই pattern-ও ভিতরের energy দেখায়।

নিয়ম:
"Pattern shape না, Pattern expectation।"

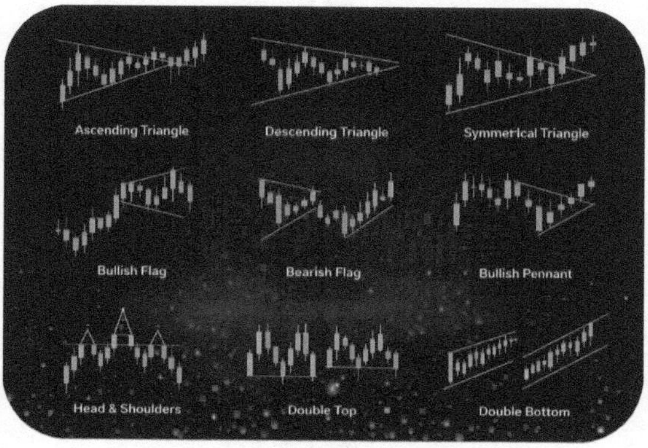

*Images in this book are used from internet sources for reference only.

অধ্যায় ২

Ascending Triangle - Buyers - এর ধৈর্য

এই pattern-এ resistance একই জায়গায় থাকে, কিন্তু price-এর low ধীরে ধীরে উপরে ওঠে। এর মানে buyers আগেভাগেই ঢুকছে এবং তারা confident।

Seller একই জায়গায় বারবার sell করছে, কিন্তু buyer ক্রমশ aggressive হয়ে উঠছে। এটা দেখায় যে demand বাড়ছে।

অনেকেই ভুল করে breakout দেখেই entry নেয়। কিন্তু আসল বিষয় হলো—price কি hold করছে? fake rejection হচ্ছে কি না?

ধরো একজন ছাত্র বারবার fail করছে, কিন্তু প্রতিবার নম্বর বাড়ছে। একসময় সে pass করবেই।

নিয়ম:

"Strong hold দেখলে entry, breakout দেখেই না।"

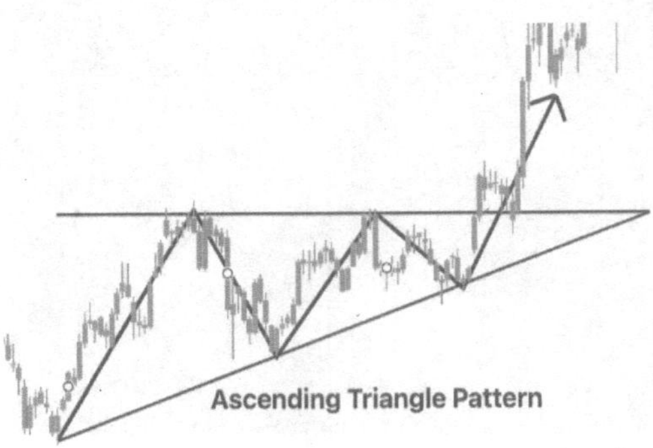

*Images in this book are used from internet sources for reference only.

অধ্যায় ৩

ডিসেন্ডিং ট্রায়াঙ্গল - কন্ট্রোল্ড সেলিং
(Descending Triangle — Controlled Selling)

এখানে support একই থাকে, কিন্তু high ধীরে ধীরে নিচে নামে। এটা দেখায় seller organised ভাবে market থেকে বের হচ্ছে।

এটা panic selling না, বরং planned exit। seller ধীরে ধীরে চাপ তৈরি করছে।

ধরো একজন দোকানদার ধীরে ধীরে তার মাল কমাচ্ছে। এটা বুঝায় demand কমছে।

Break দেখেই entry নেওয়া ভুল। Break-এর পর behaviour observe করতে হবে।

নিয়ম:
"Break না, Break-এর পর behaviour গুরুত্বপূর্ণ।"

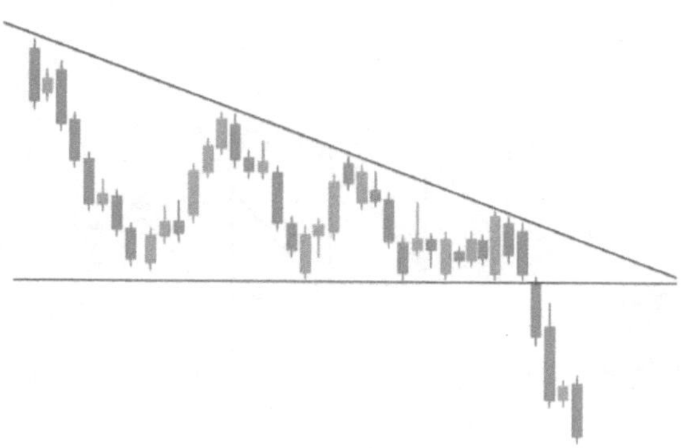

*Images in this book are used from internet sources for reference only.

অধ্যায় ৪

স্তম্ভ ও পতাকা – ভরবেগের পরিপাক
(Pole & Flag – Momentum digestion)

এই pattern-এ প্রথমে একটা strong move (pole) হয়, তারপর ছোট pause (flag)। এটা দেখায় market ক্লান্ত না, শুধু pause নিচ্ছে।

অনেকেই flag দেখেই entry নেয়, কিন্তু সেটা risky। আগে দেখতে হবে volume কমেছে কি না, range tight আছে কি না।

ধরো তুমি দৌড়াচ্ছো, একটু থামলে তার মানে তুমি ক্লান্ত না—তুমি আবার দৌড়ানোর প্রস্তুতি নিচ্ছো।

এই pause-এর পর আবার strong move আসার সম্ভাবনা থাকে।

নিয়ম:
"Tight flag + hold = continuation।"

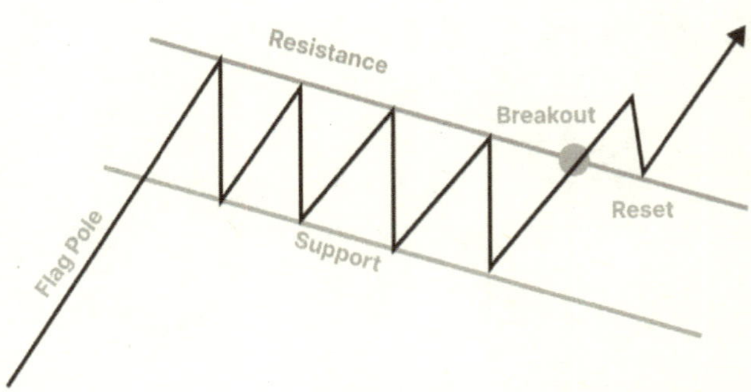

*Images in this book are used from internet sources for reference only.

অধ্যায় ৫

সংকোচন — শক্তির সঞ্চয়
(Compression — Energy build-up)

Compression-এ price range ছোট হয়ে যায়, candle ছোট হয়ে যায়। এটা দেখায় market-এ energy জমছে।

এই সময় market শান্ত থাকে, কিন্তু ভিতরে pressure তৈরি হয়। এটা ঝড়ের আগের নিস্তব্ধতার মতো।

অনেকেই ভুল করে break direction predict করতে চায়। কিন্তু direction নয়, strength বেশি গুরুত্বপূর্ণ।

Break হওয়ার পর যদি strong movement আসে, তখনই trade নেওয়া উচিত।

নিয়ম:
"Direction না, Break-এর পর strength দেখো।"

অধ্যায় ৬

ব্যর্থ মুভ — সবচেয়ে শক্তিশালী প্যাটার্ন (Failed Move — The Most Powerful Pattern)

এই pattern-এ প্রথমে breakout হয়, তারপর fail করে এবং reverse হয়। এটা সবচেয়ে powerful signal।

এখানে trap তৈরি হয়। যারা breakout-এ entry নেয়, তারা আটকে যায়।

ধরো কেউ দৌড়াতে গিয়ে হঠাৎ পড়ে গেল—সে সামনে যাবে না, বরং পিছনে ফিরবে।

এই failure-ই সবচেয়ে বড় opportunity তৈরি করে।

নিয়ম:
"Failed breakout = opposite trade।"

09:30
09:25

09:30

পর্ব ১০

Pattern-এর বাইরে: সিদ্ধান্ত নেওয়ার আসল বিজ্ঞান"

বেশিরভাগ মানুষ pattern দেখেই entry নেয়। তারা context, volume, behaviour ignore করে।

কিন্তু professional trader আলাদা ভাবে চিন্তা করে। তারা আগে pattern identify করে, তারপর context check করে।

তারপর behaviour observe করে, এবং শেষে entry নেয়। এই process follow করলেই consistency আসে।

Final Wisdom:
"Pattern future বলে না, expectation তৈরি করে।"

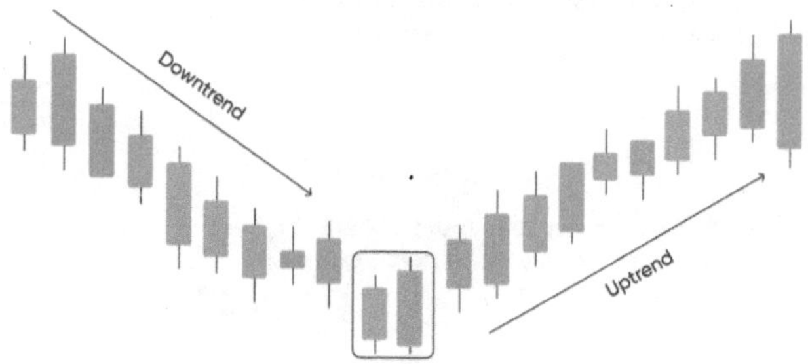

INDIA VIX — ভয় এবং মার্কেট সাইকোলজি (DEEP DIVE)

VIX শুধু একটি সংখ্যা নয়, এটি পুরো বাজারের মানসিক অবস্থা (market psychology) প্রকাশ করে।

যখন VIX কম থাকে, তখন সবাই ভাবে বাজার সম্পূর্ণ নিয়ন্ত্রণে আছে। কিন্তু আসলেই এই সময়েই বড় মুভ তৈরি হয়, কারণ বাজার তখন অতিরিক্ত আত্মবিশ্বাসী (complacent) হয়ে পড়ে।

উদাহরণ:
VIX = ১১ ---> বাজার শান্ত ---> সবাই আত্মবিশ্বাসী ---> হঠাৎ খবর ---> বাজারে বড় পতন

সিদ্ধান্ত:
VIX কম থাকলে অতিরিক্ত আগ্রাসী না হয়ে অপেক্ষা করা উচিত।

NIFTY & VIX INVERSE RELATION

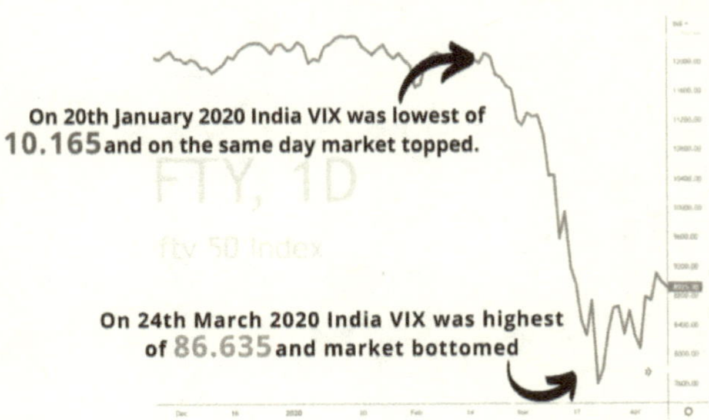

*Images in this book are used from internet sources for reference only.

VIX-এর আচরণ চক্র (Behaviour Cycle)

VIX সাধারণত একটি নির্দিষ্ট চক্র অনুসরণ করে:

Low ---> Spike---> High ---> Calm

গুরুত্বপূর্ণ ধারণা:

সবচেয়ে বড় মুভ ঘটে সেই সময়, যখন VIX Low থেকে উঠতে শুরু করে (transition phase)।

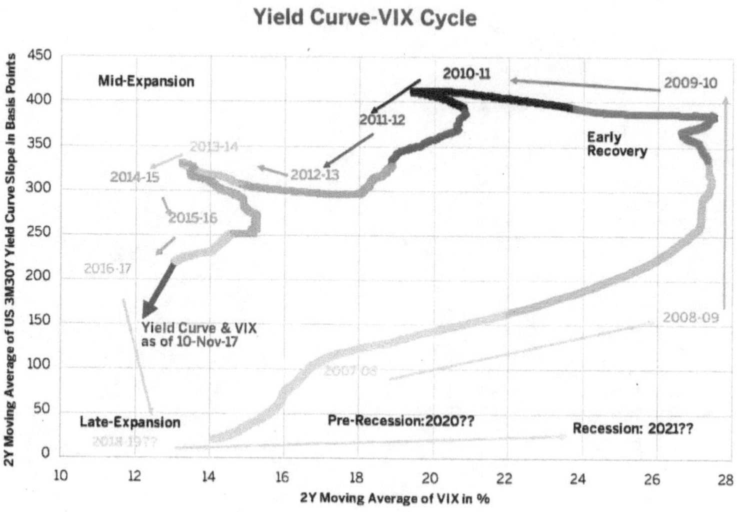

*This image is used from internet sources for reference only.

আমেরিকান বাজারের প্রভাব (US Market Impact)

ভারতীয় বাজার সরাসরি মার্কিন বাজার দ্বারা প্রভাবিত হয়, কারণ গ্লোবাল ফান্ড ফ্লো মূলত আমেরিকান ভিত্তিক।

উদাহরণ:

Dow Jones -2% ---> পরের দিন Nifty gap down

গভীর ধারণা:

Gap গুরুত্বপূর্ণ নয়, continuation (trend ধরে রাখা) বেশি গুরুত্বপূর্ণ।

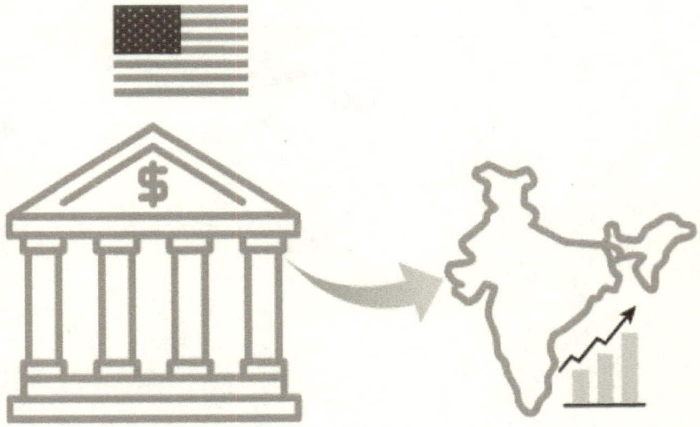

Nasdaq বনাম Dow — সেক্টরভিত্তিক বিশ্লেষণ

Nasdaq ---> প্রযুক্তি (Tech) নির্ভর
Dow ---> স্থিতিশীল (Stable)

ব্যাখ্যা:
Nasdaq শক্তিশালী হলে ---> IT sector শক্তিশালী
Dow দুর্বল হলে ---> Global sentiment দুর্বল

সিদ্ধান্ত:
সবসময় sector-based planning করতে হবে।

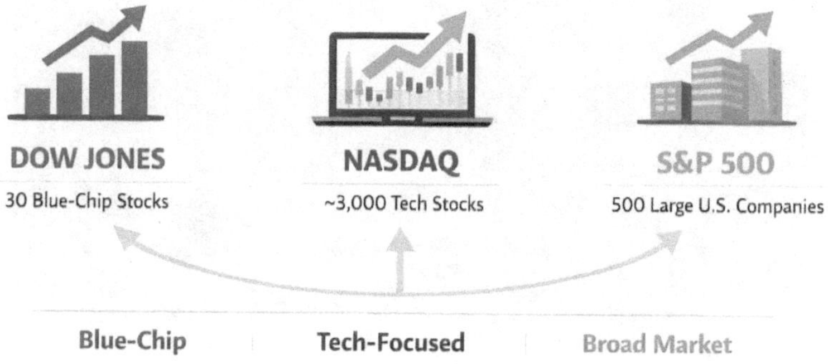

*Images in this book are used from internet sources for reference only.

FED রেট সাইকোলজি এবং লিকুইডিটি ইফেক্ট

FED যখন interest rate বাড়ায়, তখন শুধু সুদের হার পরিবর্তন হয় না— এটি বাজার থেকে liquidity কমিয়ে দেয় (liquidity squeeze)।

উদাহরণ:

Rate hike-এর গুজব ---> announcement-এর আগেই বাজার পড়ে যায়

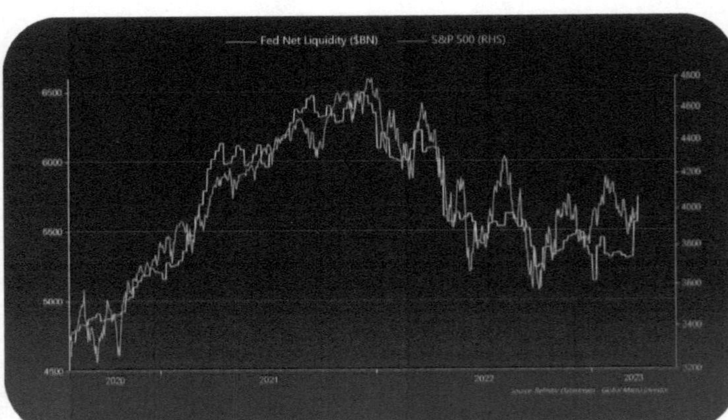

*Images in this book are used from internet sources for reference only.

RBI বনাম FED — গ্লোবাল ও লোকাল প্রভাব

RBI ---> স্থানীয় অর্থনীতি দেখে
FED ---> বৈশ্বিক অর্থনীতি নিয়ন্ত্রণ করে

Insight:
যদি FED কঠোর হয় কিন্তু RBI শিথিল থাকে --->
স্বল্পমেয়াদে bounce হতে পারে, কিন্তু দীর্ঘমেয়াদে চাপ থাকবে।

সিদ্ধান্ত:
সবসময় global bias আগে অনুসরণ করতে হবে।

*This image is used from internet sources for reference only.

Real Market Framework (বাস্তব ট্রেডিং ফ্রেমওয়ার্ক)

ট্রেড নেওয়ার আগে এই ধাপগুলো অনুসরণ করুন:

1. US market close check করুন
2. SGX Nifty indication দেখুন
3. VIX level বিশ্লেষণ করুন
4. News context বুঝুন

তারপর ট্রেড নিন

ফলাফল:
এটি emotional trading কমিয়ে দেয়।

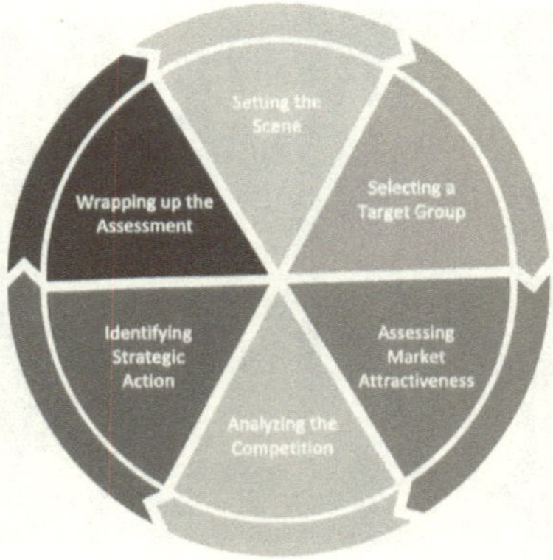

*This image is used from internet sources for reference only.

মার্কেট ট্র্যাপ শনাক্তকরণ
(Trap Detection Strategy)

সবচেয়ে বড় ফাঁদ তৈরি হয় যখন:

- US market positive
- India market gap up
- VIX বাড়ছে

এর মানে hidden selling চলছে

সিদ্ধান্ত:
এই সময় breakout buying এড়িয়ে চলুন।

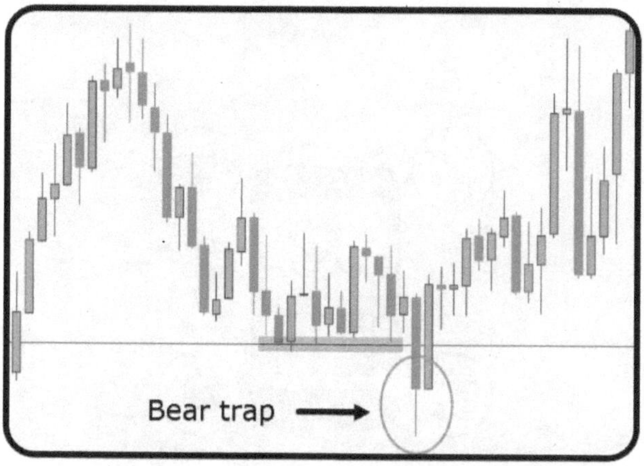

*This image is used from internet sources for reference only.

ইন্ট্রাডে ট্রেডিং প্রয়োগ
(Intraday Application)

Morning:

Market alignment চেক করুন

Midday:

VIX-এর পরিবর্তন দেখুন

Closing:

Market strength যাচাই করুন

এই ৩ ধাপ accuracy অনেক বাড়ায়।

*This image is used from internet sources for reference only.

ট্রেডিং ডিসিশন নেওয়ার মূলনীতি

বাজার কখনোই random ভাবে চলে না।

এটি চলে তিনটি মূল শক্তির উপর:

- Liquidity
- Fear
- Expectation

এই তিনটি বুঝতে পারলে, chart secondary হয়ে যায়।

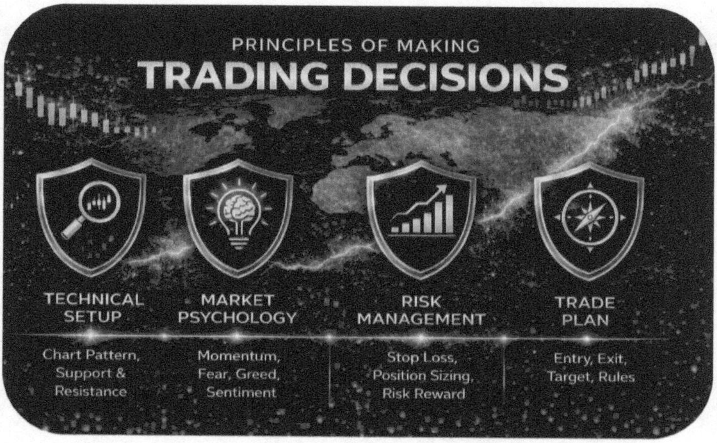

*This image is used from internet sources for reference only.

পর্ব ১১

বিশেষ অধ্যায়:
Advanced Execution Framework (Unique Edition)

MARKET-এ যারা টিকে থাকে, তারা কী আলাদা করে?

ভূমিকা:
ANALYSIS সবার আছে, EXECUTION সবার নেই

চার্ট এখন সবার হাতে।
Indicator সবার কাছে।
Pattern সবাই দেখে।

তবুও ৯০% মানুষ কেন struggle করে?
কারণ market-এ profit prediction থেকে কম, execution asymmetry অর্থাৎ সবাই একই জিনিস দেখে, কিন্তু সবাই একইভাবে react করে না।

অধ্যায় ১

First Move নয়, Second Move-এ Edge থাকে

নতুনরা প্রথম candle-এ দৌড়ায়।
Professional অপেক্ষা করে reaction-এর জন্য।
কেন?
First move emotion-driven হতে পারে।
Second move reveal করে first move real ছিল, না trap ছিল।
Example
9:15-এ Nifty sharp up।
Retail buy rush।
9:25-এ price hold করল না।

এখানে বোঝা গেল প্রথম move ছিল enthusiasm, conviction না।
Rule
প্রথম move attention নেয়, দ্বিতীয় move truth বলে।

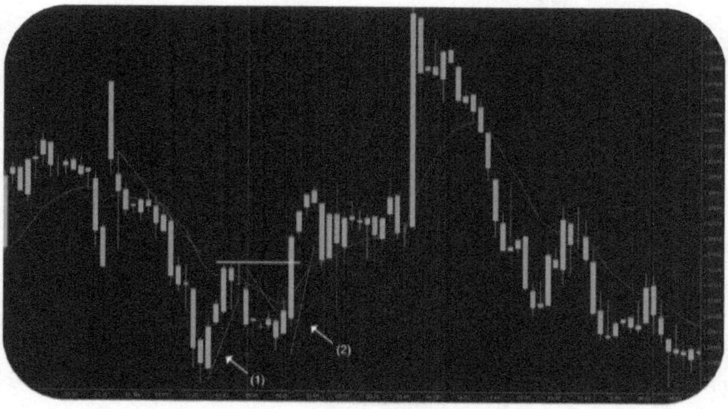

অধ্যায় ২

Visible Stop Loss Zone কেন বারবার Hit হয়

সবাই swing low/high-এ SL রাখে।
Market জানে crowd কোথায় wrong হবে।
ফলে visible zone sweep হয়ে পরে real move হয়।
Practical Insight
SL এমন জায়গায় রাখুন যেখানে আপনার idea invalid হবে, crowd obvious জায়গায় না।

Example
Support-এর একদম নিচে SL দিলে sweep chance বেশি।
Structure break + acceptance হলে invalidation stronger signal।

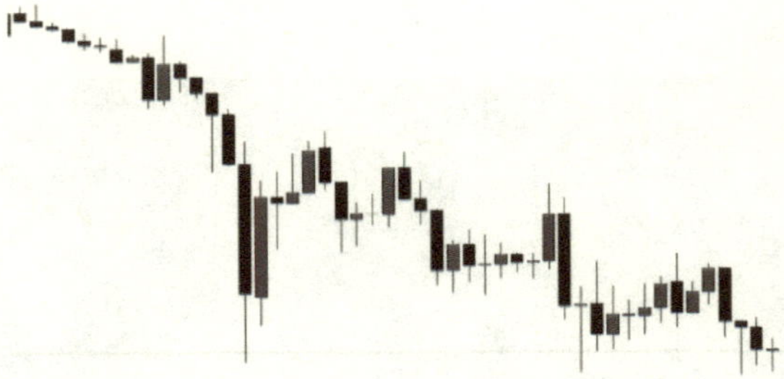

অধ্যায় ৩

Entry তখনই Powerful, যখন Risk ছোট কিন্তু Upside বড়

ভালো trade মানে high win rate না।

ভালো trade মানে asymmetry।

Example

Risk ₹1,000

Potential ₹4,000

Win rate 40% হলেও profitable হওয়া যায়।

Lesson

Perfect accuracy খুঁজবেন না, skew খুঁজুন।

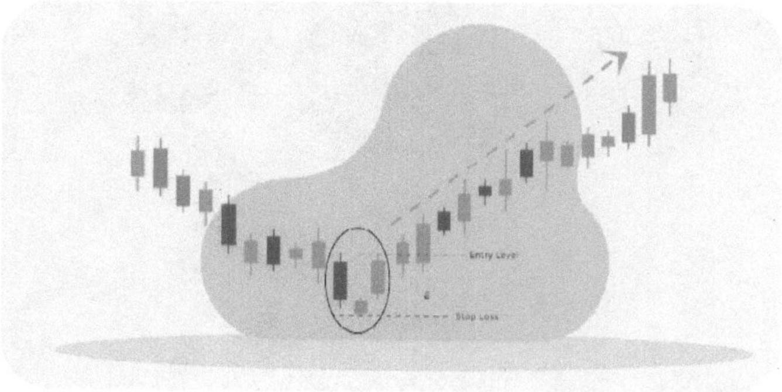

অধ্যায় ৪

Daily Profit Protect করাও Risk Management

অনেকে capital protect বোঝে loss stop করা।

কিন্তু earned profit protect না করলে day positive থেকেও negative হয়।

Rule

Daily target hit হলে size reduce করুন।

Green day-কে ego দিয়ে red বানাবেন না।

Example

+ ₹6,000 profit after 2 trades.

Third revenge/confidence trade ---> -₹8,000 total swing.

অধ্যায় ৫

No Trade is Also an Execution Decision

সবচেয়ে undervalued skill = skip করা।

যখন trade নেবেন না:

Mixed signals

Event risk

Low liquidity

Emotional state unstable

Late move already stretched

Truth

কিছুদিন market টাকা দেয়।

কিছুদিন market discipline test নেয়।

অধ্যায় ৬

Entry Price নয়, Entry Location গুরুত্বপূর্ণ

₹100 না ₹101 entry বড় বিষয় না।

আপনি কোথায় ঢুকছেন সেটাই বড়।

Bad Location

Middle of range

Late breakout chase

Random candle

Strong Location

Retest hold

Failure reversal zone

Compression release area

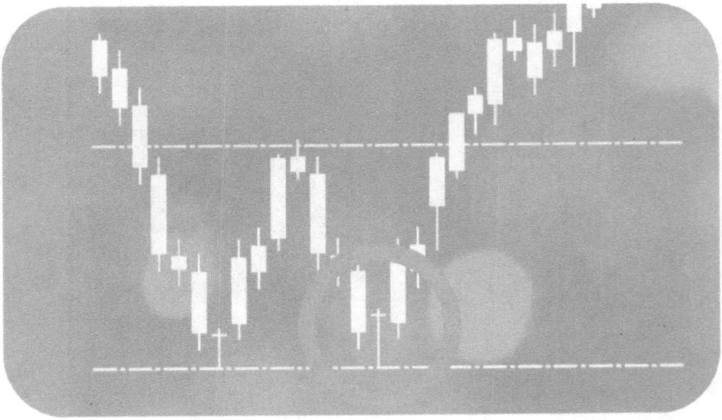

অধ্যায় ৭

Scale In, All In নয়

High conviction trade-এও একবারে full size না।

Example

30% size starter

Confirmation এ add

Trend hold এ final add

Benefit

Wrong হলে damage কম।

Right হলে participation full।

অধ্যায় ৮

Exit শুধু Target না, Information-Based হওয়া উচিত

নতুন data এলে পুরনো plan বদলাতে হয়।

Example

Trade in profit.

Suddenly VIX spike + sector weakness.

Chart target hit না হলেও exit rational হতে পারে।

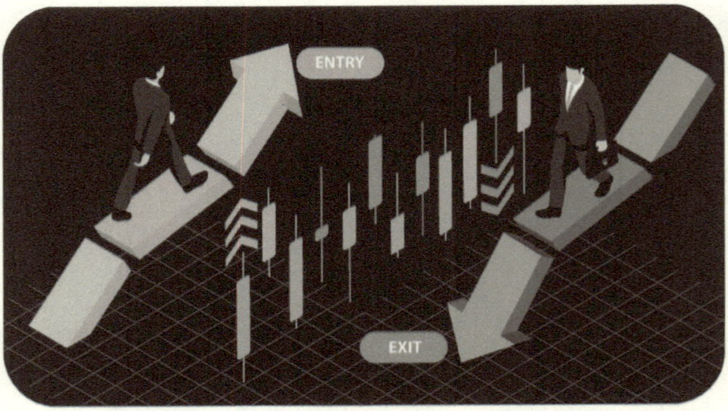

অধ্যায় ৯

Losing Streak Protocol

টানা 3 loss = strategy failure সবসময় না।

May be market regime changed or you are tilted.

Protocol

Size half

Trades less

Observe more

Review last trades

অধ্যায় ১০

Execution Pyramid

State of Mind
↓
Market Context
↓
Risk Plan
↓
Entry Quality
↓
Exit Discipline

Bottom ঠিক না হলে top টেকে না।

Final Wisdom

Market-এ smartest হওয়া দরকার নেই,
repeatable হওয়া দরকার।

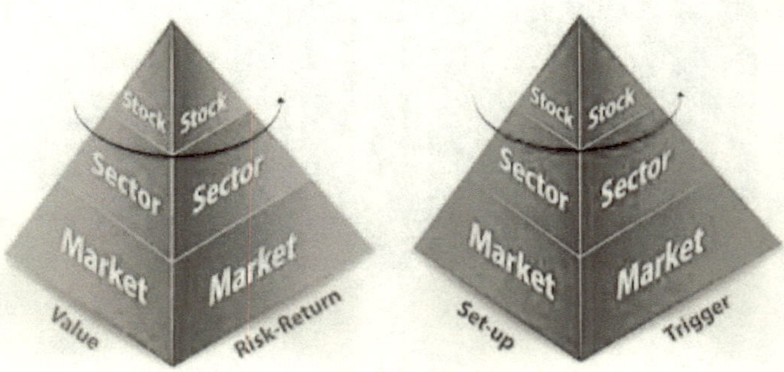

পর্ব ১২

বিশেষ অধ্যায়:
Real Market Case Studies (Unique Edition)

Crowd কোথায় ফাঁসে,
Smart Money কোথায় কাজ করে

কেস ১: গ্যাপ আপকে এক্সিট লিকুইডিটি হিসেবে ব্যবহার (Gap Up as Exit Liquidity)

Situation

Strong global cues.

Market gap up open.

Retail ভাবে: rally শুরু।

কিন্তু কিছু বড় participant gap up ব্যবহার করে previous holding unload করতে পারে।

কীভাবে বুঝবেন?

Open high, progress নেই

Every bounce sold

Leaders weak despite green index

Lesson

সব gap demand নয়। কিছু gap distribution window।

কেস ২: একটি ব্রেকআউট যা ক্রেতা চেয়েছিল, কিন্তু পেল শুধু দর্শক

(Breakout That Needed Buyers, But Found Spectators)

Situation

Resistance break.

Chart সুন্দর। সবাই excited.

কিন্তু breakout-এর পর price sideways dead.

Meaning

New buyers আসেনি enough quantity-তে।

Price break করেছে, auction continue করতে পারেনি।

Insight

Breakout line ভাঙা signal না।

Post-break acceptance signal।

কেস ৩: হিংস্র পতন, কিন্তু বিক্রি শেষ

(Violent Fall, But Selling Finished)

Situation

Sharp fall on panic news.

সবাই ভাবে আরও crash।

কিন্তু candle spread বড়, তারপর downside progress নেই।

Meaning

Heavy selling already happened.

New sellers exhausted.

What Pros Watch

Price falling less despite bad sentiment = hidden absorption.

কেস ৪: শক্তিশালী ট্রেন্ড, ভুল ট্রেডার
(Strong Trend, Wrong Trader)

Situation

Market trend clean up.

Trader বারবার short করছে কারণ "too high".

Mistake

Price expensive না, perception expensive.

Trend চলাকালে reversal ego trade dangerous।

Lesson

Trend-এর বিরুদ্ধে intelligence না, stubbornness কাজ করে।

কেস ৫: ছোট ক্ষতি মানতে না চাওয়া, বড় ক্ষতি তৈরি করা
(Refusing a small loss creates a big loss)

Situation

Planned SL ₹1,000.

Trader ভাবল "ফিরবে"।

Loss ₹7,000.

Deep Truth

Big loss chart create করেনি, hope create করেছে।

কেস ৬: ছোট ক্ষতি মানতে অস্বীকার, বড় ক্ষতি তৈরি
(Small Loss Refused, Big Loss Created)

Situation

Whole day boring narrow range.

Retail leaves.

Closing hour sharp expansion.

Meaning

Low volatility অনেক সময় preparation phase.

Lesson

Boring market useless না।

Often energy storage zone.

কেস ৭: সংবাদ ইতিবাচক, দাম নেতিবাচক
(News Positive, Price Negative)

Situation

Good result announced.

Stock down.

Why?

Good news priced in ছিল।

Late buyers trapped.

Lesson

News absolute না।

Expectation vs Reality matters.

কেস ৮: একই সেটআপ, ভিন্ন ফলাফল
(Same Setup, Different Outcome)

একই pattern দুইদিনে দুই result। কেন?

কারণ pattern constant, context variable.

Context Variables

Index mood

VIX

Sector flow

Time of day

Positioning

Reader Edge Formula

Plain text

Setup + Context + Behaviour = Edge

Setup Alone = Noise

প্র্যাকটিক্যাল ৩০-দিনের চ্যালেঞ্জ
(Practical 30-Day Challenge)

শুধু setups mark নয়, context লিখুন

Trade আগে invalidation লিখুন

3 loss পরে size কমান

Gap open blindly trade নয়

Every week one mistake review

চূড়ান্ত জ্ঞান (Final Wisdom)

Crowd pattern দেখে ঢোকে,

Professional reaction দেখে ঢোকে।

শেষ কথা

প্রথম খণ্ড আপনাকে market বুঝতে সাহায্য করবে।
দ্বিতীয় খণ্ড আপনাকে market-এ আরও পরিণতভাবে operate করতে শেখাবে।

এটি শুধু sequel নয়—এটি next level journey।

Volume 2... Coming Soon.

লেখকের শেষ কথা পাঠকের প্রতি

এই বইটি আপনার হাতে পৌঁছেছে মানে আপনি শেখার পথে হাঁটতে প্রস্তুত। সেটাই সবচেয়ে বড় বিষয়। কারণ market-এ সফলতা শুরু হয় interest থেকে, তারপর discipline, তারপর experience থেকে।

আমি চাই না আপনি এই বই পড়ে রাতারাতি market conquer করার স্বপ্ন দেখুন। আমি চাই আপনি market-কে সম্মান করতে শিখুন। বুঝতে শিখুন—কখন সুযোগ, কখন অপেক্ষা, কখন ভুল, আর কখন নিজেকে থামাতে হয়।

লাভ যেমন শিক্ষক, loss-ও তেমন শিক্ষক। পার্থক্য শুধু—কে শেখে, আর কে অভিযোগ করে। আপনি যদি প্রতিটি ভুল থেকে শিক্ষা নেন, তবে কোনো loss-ই বৃথা যাবে না। মনে রাখবেন, বড় capital সবসময় বড় শক্তি নয়। পরিষ্কার চিন্তা, risk control, patience এবং consistency—এগুলোই দীর্ঘ পথের সঙ্গী।

যদি এই বই আপনার ভাবনার ধরনে সামান্য পরিবর্তন আনতে পারে, যদি trade নেওয়ার আগে আপনি একবার বেশি ভাবেন, যদি emotion-এর বদলে logic ব্যবহার করেন—তাহলেই আমার লেখা সফল।

এটি শেষ নয়। এটি শুরু। আপনার শেখার যাত্রার পাশে আছি। —

ভোলানাথ দাস

শিক্ষার্থীদের জন্য নির্বাচিত রেফারেন্স

স্টক মার্কেট শেখার যাত্রা কোনো একদিনে শেষ হয় না। একটি বই পথ দেখাতে পারে, কিন্তু ধারাবাহিক শেখা আপনাকে শক্তিশালী করে। যারা আরও গভীরে যেতে চান, তাঁদের জন্য কিছু নির্বাচিত রেফারেন্স দেওয়া হলো।

বই (Books)

1. **The Intelligent Investor** — Benjamin Graham Value investing, margin of safety এবং disciplined thinking-এর ভিত্তি।

2. **Common Stocks and Uncommon Profits** — Philip Fisher Quality business চিনতে সাহায্য করে।

3. **One Up On Wall Street** — Peter Lynch সাধারণ মানুষ কীভাবে common sense দিয়ে investing করতে পারেন।

4. **Market Wizards** — Jack D. Schwager বিভিন্ন সফল trader-এর mindset ও execution philosophy।

শেখার উৎস

- National Stock Exchange of India
- Bombay Stock Exchange
- Securities and Exchange Board of India ইনভেস্টর এডুকেশন
- Reserve Bank of India প্রকাশনা
- কোম্পানির বার্ষিক প্রতিবেদন (Company Annual Reports)
- ইনভেস্টর প্রেজেন্টেশন (Investor Presentations)

কীভাবে পড়বেন

- শুধু quote মুখস্থ করবেন না
- Idea compare করুন
- নিজের journal-এ notes লিখুন
- বাস্তব market-এর সঙ্গে মিলিয়ে দেখুন
- Blind copy নয়, adapted learning করুন

যোগাযোগ ও প্রতিষ্ঠান তথ্য

প্রতিষ্ঠান পরিচিতি

School of Day Traders

একটি গবেষণা-ভিত্তিক স্টক মার্কেট প্রশিক্ষণ প্রতিষ্ঠান,
যেখানে বাস্তব অভিজ্ঞতা, বাজারের মনস্তত্ত্ব এবং
প্র্যাকটিক্যাল ট্রেডিং জ্ঞান একসাথে শেখানো হয়।

আমাদের লক্ষ্য

শুধু ট্রেডিং শেখানো নয়,
বরং একজন সচেতন ও আত্মনির্ভর ট্রেডার তৈরি করা—
যে বাজারকে বুঝে সঠিক সিদ্ধান্ত নিতে পারে।

যোগাযোগ করুন

Phone / WhatsApp: +91 8918082064, 83919 39470

শেষ কথা

"বাজারে সফলতা কোনো শর্টকাট নয়,
এটি ধৈর্য, জ্ঞান এবং সঠিক সিদ্ধান্তের ফল।"

লেখক পরিচিতি

Bholanath Das

NISM Certified Research Analyst (Under SEBI)

Educator | TEDx Speaker

Founder & Research Head - School of Day Traders

508.5
,508.5
,093.7
,094.1
,093.5

www.ingramcontent.com/pod-product-compliance
Lightning Source LLC
LaVergne TN
LVHW090402210926
848480LV00002B/422